インテリア・デザインを知る
practical interior design

初めて学ぶインテリア

インテリア・デザインを知る

‖ 初めて学ぶインテリア ‖

practical interior design

大廣保行（監修）＋風間龍太郎＋国吉英昭＋田沢良一＋
寺原芳彦＋中川真理＋中村嘉樹＋野口義懸 著

鹿島出版会

まえがき

　インテリアの歴史は，19世紀まではその社会制度を背景に統治者の身分や権力，宗教の威厳の象徴としての時代であったが，市民社会となった20世紀になり，建築家やデザイナーによる合理・機能主義，新装飾主義など，さまざまな思想や意図をもったインテリアが出現した。高度に発展した都市空間と多様化したライフスタイルの中，昨今のインテリア・デザインはグローバルな共感性を背景に多彩な様相を呈している。
　日本のインテリア・デザインは，西洋の文化・文明の輸入と共に発展したが，建築の下部レベル的存在と認識されていることが多い。とは言え，今日のインテリア・デザインは，一般の人の同志向上と共に，業種・業態は建築を離れ，その活動領域も拡大し，専門化している。
　本書では，インテリア・デザインの領域や職能・職種を整理し，設計者やインテリア・コーディネーターからインテリア・ショップの販売員の活動をまとめ，認識を新たにすることをめざした。特に，活動の実例としては，住宅や店舗・商業ビル，オフィスの計画・設計を紹介，さらにはインテリア関連のさまざまな資格制度や基礎用語の解説，代表的インテリア・ショップ，ショールーム，インテリア関連の推薦本なども掲載し，インテリア・デザインを学ぶ専門学校生・大学生などの初学者や，キャリアアップ志向でインテリアの業界にチャレンジされる社会人のための便を図った「はじめてのインテリア・デザイン」ガイドブックである。

　本書が，インテリアを学ぶ多くの読者にいささかでもお役に立てれば，監著者一同望外の喜びとするところである。

2003年 8月
監著者代表　大廣保行

目次 Contents

第1章
インテリア・デザインとその職能・職種
interior design as a profession

1—1 ……インテリア・デザインとは何か ———————— 002
1—2 ……インテリア関連の業態・業種 ———————— 003
1—3 ……インテリア・デザインの対象空間 ———————— 006

第2章
インテリア・デザインの基礎知識
basic knowledge on interior design

2—1 ……インテリア空間とプロダクツ ———————— 012
2—2 ……インテリアの構成要素 ———————— 014
　　　　　家具，照明，色彩，ファブリック，内装材，カーペット，壁紙，
　　　　　システムキッチン，バリアフリー，インテリア関連法規・制度，
　　　　　インテリア・アクセサリー
2—3 ……インテリア・デザイン様式史 ———————— 054
　　　　　ゴシック様式，ルネサンス様式，バロック様式，ロココ様式，
　　　　　アール・ヌーヴォー様式，アール・デコ様式，モダン様式，
　　　　　アメリカン・モダン様式，イタリアン・モダン様式，
　　　　　ポスト・モダン様式

第3章
実例で見るインテリアの設計
case study on practical interior design

3—1 ……店舗の新築とリニューアル ———————— 066
3—2 ……住宅の新築とリニューアル ———————— 079
3—3 ……オフィスの新築とリニューアル ———————— 089

第4章
インテリアの販売
selling and distributing interiors

4—1 ······ インテリア・ショップのマーケティングとマーチャンダイジング ——— 100
4—2 ······ インテリアのコンサルティング ——————————————— 102

第5章
インテリア関連資格
interior related qualifications

資格の職能と試験科目内容 ————————————————————— 106
　インテリア・コーディネーター，インテリア・プランナー，
　マンションリフォームマネジャー，キッチン・スペシャリスト，
　二級建築士，商業施設士，福祉住環境コーディネーター，
　色彩能力検定，カラー・コーディネーター，色彩士

第6章
インテリア関連基礎用語
interior related primary terms

基礎用語 (第1章〜4章) ———————————————————————— 118

付録1 ······ 主要インテリアショップ，ショールームリスト ——————— 126
付録2 ······ 資格取得に役立つ推薦本 ——————————————————— 132

第1章
インテリア・デザインとその職能・職種

interior design as a profession

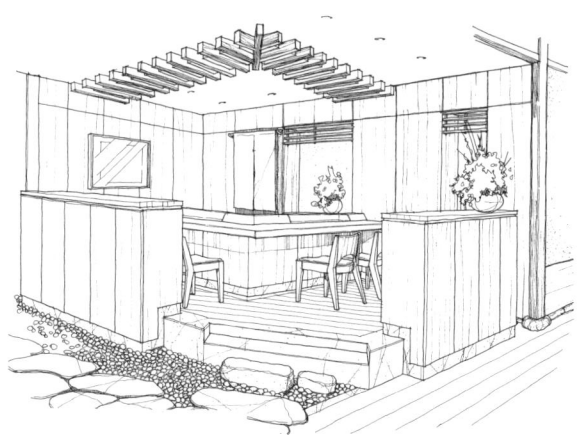

1—1 インテリア・デザインとは何か
Chapter 1

　インテリア・デザインとは，一般に建物の内部を対象とした内装計画全般または室内装飾という意識でとらえられているが，その言葉には〈心の内側〉という本質的な意味があり，住む人や使う人自身の〈室内空間〉に対する価値観の表現であると言っても過言ではない。その意味で，インテリアの計画は，一般に言う「建築の内装計画」，「建築計画の一部」という概念ではなく，人間を主体にして内側からとらえた〈人間のための価値ある空間創造〉と言ってもよいだろう。

　日本のインテリア・デザインの確立は，歴史的にみてまだ浅いためか，建築設計の下部レベルのように意識されており，それは残念である。とは言え，今日のインテリア・デザインの職能は，建築の分野から専門化し，その活動はますます領域を拡大しつつある。

　インテリア・デザインの現状をみることが，「インテリア・デザインとは何か」を具体的に知る最も良い方法であり，またその歴史を知ることは，デザインの温故知新となるはずである。

　以下は，インテリア・デザインに関わる現在の業態・業種とデザインの対象となる空間についての概要である。

1—2 インテリア関連の業態・業種

Chapter 1

　インテリア関連の業態分野は，家具，カーテン・カーペット，住宅設備，その他の関連商品を製造する［メーカー］，さまざまなインテリア商品を販売する百貨店やスーパー，専門店などの［商品販売］，プロダクト・デザインからインテリア全般を企画し，設計やコンサルティング業務を行う建築・インテリア関連の企業や設計事務所の［企画・設計］に大別される。

◉……メーカー

　インテリアを構成するさまざまな製品や部材・エレメントを製造するメーカーの多くは，家具，カーテン・カーペット，壁紙，建材など，その素材や製法により専門化され事業化されている。それぞれの企業での企画やデザインは社内のデザイン・スタッフを中心に社外デザイナーが協力する形態が多い。近年では，自社製品に対する消費者の反応や情報を得るため，メーカーがアンテナ・ショップやモデルルームを直営する例も普通になっている。

メーカーのショールーム

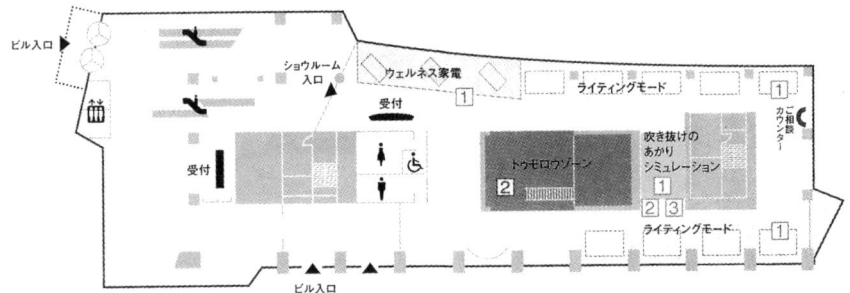

メーカーのショールーム

◉ 商品販売

　メーカーで製造された製品や部材を仕入れて商品として販売する販売業種は，輸入商社を含め多種多様の業態がある。販売店の場合，規模的に大きいものとしては百貨店や大型のインテリア・ショップ，カテゴリー・キラーと呼ばれるインテリアのロードサイド・リテイラー（郊外型大型専門店），日曜大工用品から建材，住宅部品などの住まいの用品を取り扱うホームセンターなどがある。これらの店舗では，顧客に対しコーディネートの助言や提案を行う専門のコーディネーターやスペシャリストを配置している。

大型インテリア・ショップのショールーム

◉ 企画・設計

インテリアの企画・設計を主な業務とする業態には，建設会社の中のインテリア担当セクションの他，独立したデザイン会社や設計オフィスがある。特に，建築・建設会社に属する前者の業務は会社が受注したコントラクト・ビジネスやそのインテリア全般の企画・設計，独立した後者の場合では，依頼先の商品企画・設計というように多種多様にわたることが特徴である。近年では，デザイン企業間での差別化が顕著となり，より専門化するとともに，マネジメントを含むコンサルティング業務を行うところも多くなっている。

組織設計の一例

インテリア関連の業態・業種

1—3 インテリア・デザインの対象空間

Chapter 1

　インテリア・デザインの対象となる空間は，住宅だけでなくホテルやオフィス，店舗，車輌，航空機など人間・社会がその生活において必要とする種々の空間のすべてであり，それぞれに条件とされる居住性や機能性を十分に満たす空間計画が要求されている。

◉……居住空間

　居住のための空間には，大別して，生活の中心となる「住居」と不特定多数の人が宿泊する「ホテル」などがあり，それらはより安全で快適なものとすることが要件とされている。それらの空間は，社会，民族，世代の違いにより，居住の形態や形式，建築工法など多種多様である。

　住居の形態・形式では，一戸建てと呼ばれる個別・独立型から，マンション・アパートと呼ばれる集合型に，工法では，木造の在来工法から鉄筋コンクリート造の工業生産（プレハブ）工法がその主流となってきた。

　住居のインテリア・デザインにおいては，大きく分けて生活行為の目的別に食事や団らんなどの共同生活空間，就寝や学習などの私的空間，入浴や排泄などの生理的空間，調理や洗濯などの家事空間，その他と，それぞれの目的や機能を満たすような計画が要求されている。食堂や居間，寝室などその具体的な広さ（規模）や位置，デザインはそこに住む人の生活様式や住まいに関する価値観によりさまざまである。

　居住空間のインテリア・デザインにおいては，全体としての調和を重視するコーディネート志向が中心で，家具，カーテン・カーペット，壁紙，照明器具などインテリア・エレメントのもつ機能やデザインも多様化している。

　ホテルのインテリア計画においては，その性質上，防災上の安全性とメンテナンス性が重視され，他のホテルとの差別化戦略としてのオリジナル・デザインが考慮されている。

◉……オフィス空間

　ビジネスのための事務作業を目的とした「オフィス空間」は事務作業の内容，人員規模により計画されるが，特に組織や機構の変化に対応できる可変性を考慮しなければならない。一般にオフィス空間には事務，会議，応接，個室などにおける必要な作為に適正な配置が求められ，レイアウト計画では企業の組織ごとに必要な家具・什器の員数，作業内容・業務の流れ，必要な事務機器，収納など空間の基礎資料の作成が前提となる。

　近年のオフィス空間は，ローパーティションを用いた「オープンオフィス」が多く，OA（オフィス・オートメーション）化に対応した床配線をもつ「OAフロア」も普及してきた。特に，さまざまな情報機器やシステム収納機器への対応が同空間の価値を決定付けるといっても過言ではない。

　机や機器のレイアウト（配列）については，それらの寸法・数量，事務の流れによって，机では対向型，同向型，自由型などさまざまであり，照明については手元を照らすタスクライトと間接照明のアンビエントライトを組み合わせるなどが一般的となったが，その詳細については略する。

オフィス空間の一例

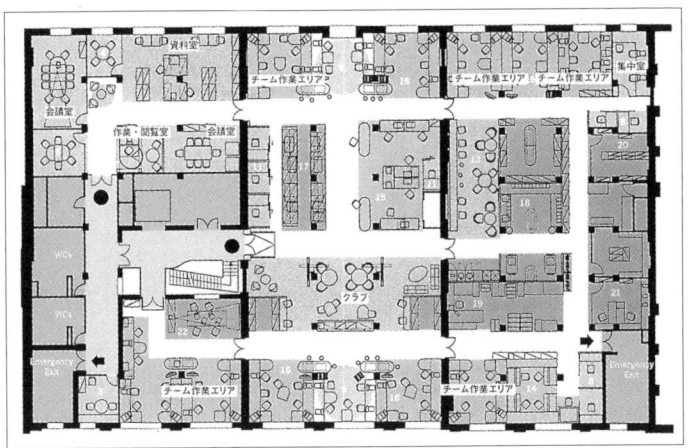

オフィス・レイアウトの一例

◉……商業空間

　一般に店舗・ショップと呼ばれる商業空間をその業種別に分けると，生活用品を売る「物品販売」，レストランやバーなどの「飲食サービス」，理容・美容などの「技術サービス」，ゲームや映画などの「娯楽サービス」，金融や旅行などの「情報サービス」など多種多様で，そのデザインはデパートから個人商店まで，その業態によってもさまざまである。

　商業空間のインテリア計画は，その業態・業種別の特徴を把握し，与えられたさまざまな与件を分析し，検討することからスタートする。特に，不特定多数の人が集まる商業空間においては，地震や火災に対する安全確保のため，建築基準法や消防法などの法令により，建築上の規制の他，避難・防火に関する通路確保や設備の設置などが義務付けられているので，十分留意しなければならない。

　インテリア計画においては，その空間に必要な備品や什器の数量・寸法の他，それらの使用や選択に適正な寸法を考慮し，単位空間を確保する必要がある。具体的には，通路，売場，事務所，ストックヤード，休憩所，化粧室，配送所，応接室，役員室など，それぞれの業態・業種により必要とされる空間の設置と動線の計画である。

　特に，「物品販売」の店舗においては，顧客が入店して出るまでの流れ（動線）の確保と，「見やすく取りやすい」陳列什器の配置が最も重要な

テーマとなる。
　また，営業機能上必要な各種の設備の他に，快適で働きやすい環境を確保するための冷暖房，空調，換気，採光，照明などの設備を忘れてはならない。

店舗のインテリア・デザインの一例

◉……… 輸送空間

　車輌や船舶，航空機などの輸送空間は，移動する制約された公共居住空間であり，それぞれに必要とされる機能性と安全性，快適性をもった居住空間をデザインすることが望まれている。

　公共交通機関である鉄道や車の「車輌」では，安全性や耐用性の他に，快適な色彩調節や空調環境および人間工学に基づいた，疲れにくい座席の設計が重視されている。

　海上の居住空間である「船舶」は，波浪による動揺に対する耐振動性，塩害に対する耐腐食性，気温の変化に対する耐候性などが十分に考慮された計画でなければならない。

　船舶の居住空間には，乗組員の生活や作業のための空間の他，客船では客用の居住空間があるが，船舶の種類・用途に対応したデザインが必要となる。

　空の居住空間である「航空機」は，安全かつ軽量であることの他，特に長時間座っていても疲れにくいシート（座席）の設計が要求されている。

これら［輸送空間］における居住空間のインテリア・デザインは、その特殊性ゆえ、空間本体の基本計画の初期の段階から、他の設計者や技術者と連携しながら業務を行う必要があるため、内部のスタッフデザイナーが担当するのが一般的である。

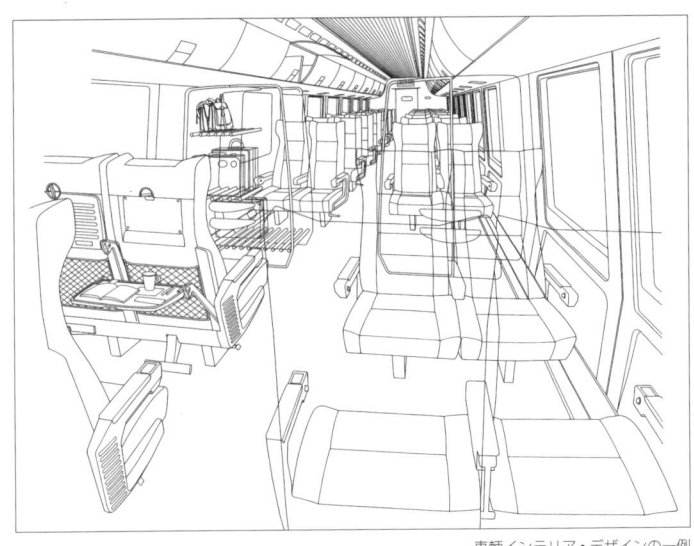

車輌インテリア・デザインの一例

第2章 インテリア・デザインの基礎知識

basic knowledge on interior design

2—1
インテリア空間とプロダクツ
Chapter 2

●……プロダクツの集合体

　インテリア空間の構築方法については多様に解釈され，建築物そのものや家具などエレメント系と多分に考え方を同じにしている。それらは広義の意味においては，プロダクツの集合体と言える。"プロダクト"は"生産"の意味で，空間を構成する建材類を含めほとんどが生産品であり，それらの集積から成り立っている。どのようなインテリア空間においても，個々多くのプロダクツ（生産品）の存在意識を深く持ってもよいであろう。

●……人・行為・行動・生活

　しかしさらに本格的な概念を探ると，それ以外の重要な要素である人・行為・行動などの存在が関係し，それらの相互作用を含んだ全体が本来のインテリア空間と言える。つまり生活という"より内側から"の基本思想が存在し，空間という形がつくられてゆく。建築という箱とその内部空間だけでは無機的状態であるが，人と生活が一体になり有機的となる。建築家F.L.ライトの言う「リビング・アーキテクチュア」は「有機的空間」，「生きた空間」を意味している。そこは自然を取り込み，外部との関係も大いに相互作用し，気持ちのよい内部空間となっている。さらに快適性を演出し，具現化するためには，エレメント系，プロダクト系の家具，照明器具などのあり方と，形，機能が必要となる。

●……プロダクツの範囲

　インテリア空間を構成する要素の大半が生産物であり，構築されたものは多くの生産品種でつくりあげられている。そして，その範囲は広く単体から集積体に至るまである。例えばカーテンにしても織機を用いて加工し生産され，椅子も手加工からマスプロダクションに至るまで，空

間を構成する生産物は機械加工を伴い生産されていると言えよう。

　建築物の構造体である鉄骨，プレキャスト・コンクリートなど大きいものも個々の部材が工場生産され，それらが組み上げられている。そこに必要とされる，ボルト，ナット，釘なども小さい生産物である。つまり建築，インテリア空間共に工場生産主体と現場作業主体との相違はあるが広義にはプロダクツと言える。

　しかし，一般的考え方による視点にたつと，クラフト的プロダクツと量産型プロダクツに分けられ，前者を手工芸品・手づくり品，後者を量産品と呼び区別されているが，その成り立ちの源を探り，見直すことも必要である。そのような認識に基づき，インテリア空間の構成およびコーディネーションへと発展させる時に，個々のモノへの見方も深まり，適材適所の選び方，使用の仕方ができるであろう。

◉……… プロダクツの生産方法と加工方法

　インテリア空間をつくりあげるためには，多くの素材の生産方法と加工方法およびその仕上げについての知識が求められる。素材には，木，金属，プラスチック，布，紙，ガラスなどがあり，さらにそれらを品種別に分類するとかなりの数になる。個々に特性をもつそれらを適材適所に使い分ける必要がある。

　例えば，金属やプラスチックの生産方法については，押し出し成型，プレス成型，射出成型などがある。またその加工方法として，切削，曲げ，接着，溶接などがある。さらに表面仕上げとして，塗装，染め，研磨などが挙げられる。これらを多く知ることにより，空間づくりの幅が広がる。

　近代住宅史ではよく知られていることだが，第2次大戦後にあたるミッドセンチュリー（20世紀中頃）に，アメリカにおいてケーススタディハウスと呼ばれるローコストを目的とした一連の住宅が設計された。多くの建築家が参加し，その中でもチャールズ・イームズ（1907－78）の自邸とスタジオは注目に値する。それらの基本コンセプトのひとつとしてあったのが，構造体から内装材までできるだけ既製品の部材を用いることだった。つまり，既製のプロダクツによる構成であっても，その使い方次第ではオリジナリティのある空間を構築することも可能なのだ。

2—2 インテリアの構成要素
Chapter 2

　建築物の内部計画を意味する〈内部空間〉は天井,壁,床の物理的仕切りで構成されているが,〈人間のための価値ある空間〉としてのインテリアを構成するためには,内装仕上げ材だけでなく,家具や照明,カーテン,カーペット,設備機器などの他,全体としての色彩計画やコーディネート計画が重要な要素となる。

● スケルトン／天井・壁・床

　空間を構成する最も基本的な天井・壁・床には,それぞれに要求される機能があるが,"室内空間"を構成し,内部での機能や人の動作を決定付けるものであり,空間の目的や必要とされる機能や空間相互の関連の度合などから十分に検討されたものでなければならない。

● インテリア・エレメント

　空間をそれぞれの目的や用途に構成するための家具や照明器具,ウインドー・トリートメント(カーテンやブラインド類),内装仕上げ材,設備機器,小物オーナメント類は,必要とされる機能の違いから,多種多様の品目や種類が商品化されている。その選択においては,色・柄,スタイルの意匠面と相互のコーディネート性を重視しがちだが,省エネ,リサイクル,環境共生,ユニバーサルデザインなどの面からも十分検討して欲しいものである。

● コーディネート

　個々の要素や全体として構成された時の調和の良し悪しは,その空間で活動し,生活する人に大きな影響を与える。近年のコーディネート志向に対応し,各エレメントの選択や商品開発に,助言と提案を行うのがコーディネーターである。一般にコーディネートの価値基準は選択する

人の生活環境や経験，経済性，社会的立場，嗜好など主観的・感覚的であるが，客観的な造形美の原理による構成がその選択基準を大きく占める要素となっている。以下は，その造形的な構成手法の例である。

● **色彩によるコーディネート手法**
　家具，カーテン，床材などのエレメントの色彩を同系色や類似色で統一し，必要に応じ小物にそのアクセントカラーを用いる構成である。同手法は知覚の80％近くを占める視覚に対し最も効果的な手法とされている。

● **形態によるコーディネート手法**
　エレメント全体のスタイル・様式を統一し，必要に応じ，小物に対比する形態のものを用いる構成で，ルイ王朝スタイルとかカントリースタイルなどで統一する手法がその例である。

● **テイスト・マインドによるコーディネート手法**
　個人の嗜好や感性，感覚や意識を統一の要因としたもので，エスニック調，ヤング調，アドバンス調など，各エレメントの造形的特性を統一する手法である。
　以下はインテリアの主要な要素であるエレメント群の基礎知識の概要である。

家具

家具の範囲は広く，基本的には食べる，作業する，くつろぐ，寝る，など生活行為と関連し，目的・機能に即して分類される。それと共に，人体と直接的にまたは間接的に関わるものと，ほとんど関わりのないものに分類される。

●……人体系家具（直接系）

スツール，ダイニングチェア，作業用チェア，学習用チェア，休息用チェア，ソファ，カウチ，ベンチ，ベッドなど。

人体系家具：作業用チェア

人体系家具：休息用チェア

◉ 準人体系家具(間接系)

ダイニングテーブル,リビングテーブル,サイドテーブル,ナイトテーブル,カウンター,ワゴン,デスク,座卓,文机,ライティングビューロー,鏡台,ペデスタルなど。

準人体系家具:ダイニングテーブル

準人体系家具:ライティングビューロー

◉ 建築系家具

①独立型収納家具

カップボード(ダイニングボード),リビングボード,サイドボード,キッチンボード,ハッチ,ワードローブ,チェスト,ドロア,シェルフ,ロッカー,書棚,玄関収納など。

独立型収納家具：リビングボード

独立型収納家具：チェスト

②ビルトイン収納家具

　内容的には①とほぼ同じであるが，①の独立型置式に対し，建物と一体化したつくり付けの収納系家具を指す。その例に，衣類収納，書籍収納，システムキッチンなどがある。

ビルトイン収納家具：衣類収納

なお、家具は以上の機能別分類の他に、椅子やテーブル、ベッドなどの形態別、クラシックやモダン、洋家具、和家具などの様式別、木質系、金属系、合成樹脂系などの材質別などの分類軸によって区分し分類することもある。

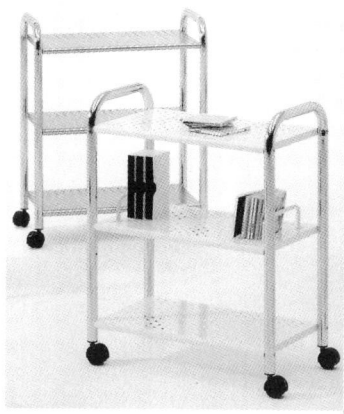
洋家具の例

和家具の例

インテリアの構成要素──家具

今日のライフスタイルにおいて使用されている家具は戦後（1945年以降）の西洋化にともない、変化してきたものである。

しかし日本ならではの床座の生活のあり方は、伝統的で潜在的とも言える因子があると思われ、それに基づく家具が連綿と引き継がれている。同時にモダナイズされ、シンプル化、合理化された形で市場にでている。

照明

照明とは人工の光源を用いて明るさを得ることで，目的や条件に応じた照明の方法や器具の選択が必要である。

照明の方式や器具・ランプの種類には次のようなものがある。

◉……照明方式

部屋全体を均一に照明する〈全般照明〉と作業や読書などで必要なところを局部的に照明する〈局部照明〉があり，特に，オフィスの全般照明では壁や天井に器具を内蔵した"コーブ照明"や"コーニス照明"などの〈建築化照明〉が一般的となっている。

光源の配光には，下向きの光束が90％以上の〈直接照明〉と上向きの光束が90％以上で天井面からの反射光で全体を照らす〈間接照明〉，それらを組み合わせた〈半直接照明〉〈半間接照明〉などの種類がある。

■照明器具の配光

	国際分類	直接照明形	半直接照明形	全般拡散照明形	半間接照明形	間接照明形
配光	上への光(％)	0〜10	10〜40	40〜60	60〜90	90 / 100
	下への光(％)	100〜90	90〜60	60〜40	40〜10	10 / 0
	配光曲線					
電球用 水銀ランプ用		埋込みダウンライト / 金属製反射がさ / 金属製かさ	ガラスグローブ	ガラスグローブ	半透明反射皿(ガラス,プラスチック)	不透明反射皿 / (金属その他)
蛍光ランプ用		埋込み反射がさ / 金属製反射がさ		ルーバー付き, カバー付き		コーブ照明

器具を取り付け別に区分すると，天井に直接取り付ける〈シーリング型〉，コードやパイプで吊ったペンダントやシャンデリア（多灯型）の〈吊り下げ型〉，天井裏に埋め込んだ〈ダウンライト型〉，壁面に直接取り付ける〈ブラケット型〉，床やテーブルの上に置く〈スタンド型〉などがある。特に，〈ダウンライト型〉には，反射鏡で光に方向性をもたせた"リフレクター型"，グレアを防止した"バッフル型"，バッフルに角度をもたせたりレンズで方向性をもたせた"ウォールウォッシャー型"，集光レンズでスポットライトとした"ピンスポット型"，照射角度を自由に調整できる"ユニバーサル型"など多種多様な方式があり，使用目的に合わせて選択することが大切である。

■ダウンライト型照明方式

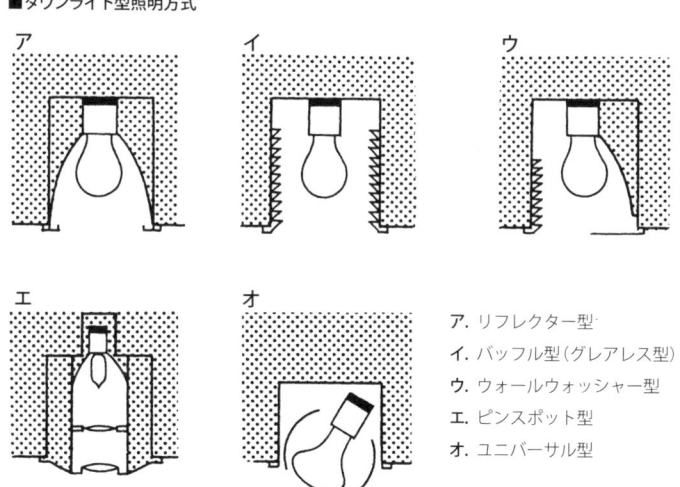

ア．リフレクター型
イ．バッフル型（グレアレス型）
ウ．ウォールウォッシャー型
エ．ピンスポット型
オ．ユニバーサル型

●⋯⋯⋯光源（ランプ）の種類

　光源の種類には，白熱ランプやハロゲンランプなどの〈熱放射型〉と蛍光ランプや水銀ランプなどの〈放電発光型〉，ELランプの〈電界発光型〉によるものがあり，それぞれの特性の効果を考えて用いることが重要であるが，その詳細については略する。

色彩

インテリア・デザインにおける色彩は，基本的な色彩学の知識とその応用に加え，立体や空間という三次元の世界での感性が必要となる。

また色彩は単独で存在するのではなく，その空間の光やマテリアルなどとの関係によっておこる現象であり，それらに関する知識を得ることも重要となる。ここでは，インテリア計画の重要な課題となる「カラーコーディネート」の基本について紹介する。

● 光と色と視覚・色覚

色彩は，その空間の光源の反射光や透過光などが眼にはいることにより感じられる。そのため，まず光源の種類が何であるかがそのインテリアの色彩を左右する大きな要素となる。基本となる自然光，さまざまな種類が開発されていく人工光源について知っておく必要がある。そして光源の種類によって異なる色温度や演色性などの影響には十分な配慮が必要となる。

また人間の視覚や色覚には個人差があり，生得的なものや環境条件によるもののほか，高齢化社会をむかえての加齢による変化も大きな要素となってきている。

自然光のスペクトルをもとにした色相環

明度・彩度とトーンの領域

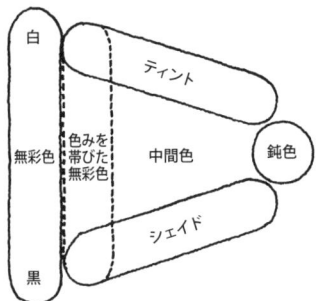

◉……… 中間色と色みを帯びた無彩色

　ある程度の年齢になると自分の好みの色が決まってくるが，その要因はさまざまで，日本人は人種的あるいは地理的な要因で純色や無彩色にひかれ，中間色に弱い人が多いと言われている。しかし，インテリア・デザインの現場では，その中間色や無彩色にほんの少し色みのついた色を扱うことが多くなるので，これらの色に慣れ親しんでおくことが必要である。自分の色彩の感性をきちんと把握しておくこと，その上でデザイナーとして客観的にすべての色彩を自由に扱えることが理想と言える。

◉……… 色彩の表現と伝達

　色彩を表現することや確認する手段として，さまざまな表色系があり用途に応じて使い分けられている。

●マンセル表色系

　米国のマンセルによって考案された表色系は，色の3属性，色相・明度・彩度を数値や記号で伝達する方法で，同表色系を修正した修正マンセル表色系はJIS標準色票に採用され，国際的にも通用している。

●PCCS（日本色研配色体系）

　日本色彩研究所が開発したPCCSは，心理的補色に基づいた色相環と，明度と彩度を組み合わせたトーンという概念に特徴があり，ペールトーンやダークトーンのように，トーン名によって色の印象を想像しやすくなっている。

●CIE表色法

　国際照明委員会により決められた表色法は，色光を刺激値で表示したもので，光と色との関係や色覚について検討する時に必要な表色系である。近年，インテリア空間での光と色の心身に対する影響の重要性が認識され，光源の光色と一般的ないわゆる色彩との違いや，高齢化社会をむかえての加齢による色覚変化への対応など細やかな知識が求められている。これらを理解するために必要な表色系である。

●………光源色と物体色

　デザインの過程での色彩の表現方法は，染料や顔料によるマテリアルやペイントなどと，色光によるCGなどとでは混色の原理が基本的に異なるので，両方を併用することの多いインテリア・デザインの現場では注意が必要となる。

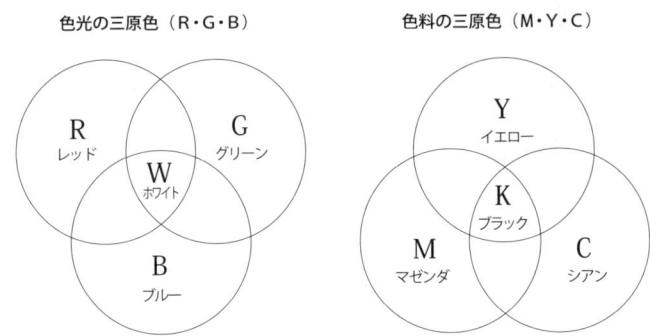

●………色彩の効果

　インテリア・デザインが人間のための空間を対象にするうえで，色彩の生理や心理などに及ぼす作用はたいへん重要な要素となる。使用する色の性質により，空間やインテリア・エレメントの大きさや形が異なって見えたり，室温が違って感じられたり，リラックスできたり仕事の能率があがったりと，いろいろな影響をもたらす。

　もっと機能的に色の性質を利用する方法もあり，例えば視線を引き付けたいところや注意が必要な場所には，誘目性や視認性の高い色を用いたりする。

　色は分量や配置の条件によって同じ色でも異なって見えることがある。組み合わせる色の差がより際立って見える対比効果，反対に似通って見える同化現象がある。

　これらの効果は組み合わせる色によって感じ方や作用も変化することとなる。また共通性の高いものも，個人差の影響が大きいものもあるが，カラースキームに上手に生かして，空間の欠点を補い目的のイメー

ジづくりに役立てていくことが重要である。
　インテリア・デザインに応用されることの多い色の効果には次のようなものがある。

●**色の温冷感（暖色・寒色・中性色）**
　四季の変化の顕著な日本では特に有効とされる効果である。

●**色の大きさ感，距離感（膨張色・収縮色／進出色・後退色）**
　空間やインテリア・エレメントの大きさや距離感を変えて感じさせる，インテリア・デザインには欠かせない効果がある。

●**色の軽重感**
　ヴォイドな空間であるインテリア・デザインでは，内装材などの選択が，内部にいる人間の心理に大きく影響する。

天井の色の違いによる変化

●色と時間感覚
　その空間に滞在している時間を，実際より長くあるいは短く感じさせる効果で，特に商業空間などに応用される。

●色と気分
　色彩が自律神経に作用して気分を高揚させたり活動的にさせる，あるいは反対に沈静効果などをもたらす。

●色と共感覚
　色彩が視覚以外の聴覚・嗅覚・触覚・味覚と影響しあって，音楽や香り，味などと結びついて相乗効果をもたらすことがある。

●……色彩調節とカラーセラピー

　1900年代のアメリカで，色のもつ機能性を生かして作業環境を改善し，効率をあげることを目的にすすめられたのが色彩調節で，外科医の疲労軽減のため血液の心理補色を手術着などに使用するのがその一例である。
　一方ずっと古くから，宗教的・精神的レベルの高いセラピストにより行われてきた色による治療法がカラーセラピーだが，快適性や癒しを求める現代では自然療法のひとつとして注目されている。

●……配色調和と応用

　インテリア・デザインの印象を決定する視覚の大きな部分を占めるのがカラースキームである。色彩調和の原則にはいろいろあるが，基本的には配色の対象となるエレメントどうしになんらかの共通性があることが必要となる。その上で類似性の配色調和と対比・対照性の配色調和とに分けて考えていく。これには単に色彩だけでなくマテリアルのテクスチュアや模様，形の構成などの要素も含まれる。

●配色調和の基本

　類似性の調和は，色相あるいはトーンが近似した関係にある配色だが，単色に近い色で統一しマテリアルにより変化をつけることもできる。

　対比の調和は，色相あるいはトーンのコントラストが強い関係にある配色で，色彩以外の要素での変化を期待できない場合に有効な方法のひとつとなる。色相の対比の一番強いのが心理補色による補色配色となる。

●配色調和の応用

　配色を検討する時，大きな面積のインテリア・エレメントだけを考えがちだが，幅木や金具など細かいところまで配慮しなければ目的のイメージをつくりだすことはできない。

　またインテリア全体の中での色配分も重要で，同じ色でも空間のどの位置にあるかによって印象が変わってくるので，単なる塗り絵のようにいかない難しさがここにあると言える。一般的な色配分の考え方として，ベースカラー（基調色），アソートカラー（配合色），アクセントカラー（強調色）という分け方があり，初歩的な分量の目安もあるが，むしろトリムカラー（廻縁などの木造部色）に該当する部分の色が空間全体のイメージに大きく影響する場合も見られるので，その扱いにも注意が必要となる。また伝統的な洋室あるいは和室には，それぞれ特徴的な色配分がある。これは，それぞれの空間のプロポーションや採光などの違いにより，室内各面の材料の反射率からくるものと思われるので，目的に応じて現代のインテリア空間にも応用することができる。一方，意図的にあるいは建築の工法によって生じる複雑な形の空間は，採光・照明の条件と反射率とに十分注意し目的のイメージにあった色配分を行うことになる。

　インテリア・デザインの実務上，プランニング時のサンプルのサイズと実際の現場の大きさが異なるため，色が違って感じられることが多々あるので，十分注意が必要である。

●安全のための色彩

　公共空間など特定の空間では，色彩の使用に安全のための配慮が必用で，JISで安全色と表示事項が決められているので，これを守らなければならない。

また色覚障害者のために配色について配慮しようという動きがあり，高齢者の色覚変化に対する配慮も含めて対象となる空間での色彩計画では注意したい。

ファブリック

　インテリアでいうファブリックとは，編物，織地，布地などを素材として製品化されたカーテン，カーペット，壁布地などをいう。同じ布製品の中で，特にテーブルクロスやプレイスマット，その他のリネン類はインテリア・アクセサリーの項目で紹介する。

◉……カーテン

　ウインドー・トリートメントとも呼ばれる窓装飾を代表するカーテンには，遮光，遮へい，装飾を目的とするドレープカーテンの他，レースカーテンやケースメントカーテンなどがある。ここではその代表的な種類とその繊維素材，製法，生地加工およびスタイルなどについて述べる。

●ドレープ

　遮光，遮へい，保温などを目的とした厚手のカーテンで，アクリルやレーヨンを素材にジャカード織やドビー織が多く，ベルベットやモケットのパイル織を含めた総称で，特にウールに似た感触のアクリル繊維のカーテンは吸湿性があり，へたりやすいレーヨン繊維のものより高品質である。

●レース

　調光や装飾を目的とした透かしのあるレースカーテンは，水洗いが可能なポリエステル繊維をラッセル編みやジャカード織りで織ったものが

主流である。特に，ボイルやジョーゼットの薄地で透過性を高くしたものをシアーカーテンと言い，近年，多くなったローマンシェードの生地として多用されている。

● ケースメント
　ドレープの装飾性とレースの透過性を兼ねたもので，ドレープとレースの二重掛けを必要としないことから公共施設に多用される。素材には，太陽光に劣化しにくい麻やポリエステル繊維が用いられている。

● 特殊機能カーテン
　目的に応じて特殊機能を附加したカーテンには，公共施設や台所の窓に必要な不燃性のガラス繊維，難燃性のポリクラール，ポリ塩化ビニル，アクリルニトロンなどアクリル繊維を用いた不燃・難燃のカーテン，裏面を樹脂でラミネート加工した完全遮光カーテン，アルミの粉を蒸着加工した断熱カーテン，バイオシルで防菌加工した抗菌カーテンなどがある。

● ブラインドおよびスクリーン
　窓装飾にはカーテンの他に，アルミのスラット（羽根）を水平に取り付けて，角度を調整し調光するベネシャン（横型）ブラインド，ルーバーを縦方向に取り付けて調光するバーチカル（縦型）ブラインド，スプリングを内蔵したローラーで上下に昇降させて調光するロールブラインドなどがある。特に，住宅では布製で羽根幅が狭いバーチカルブラインドや図柄の豊富な布製のロールブラインドの使用が多くなっている。

● シェード
　布地を上下方向に昇降させて開閉するカーテンで，引き上げるときの襞の形状により，フラット，バルーン，オーストリアン，タックバー，リップルなどのタイプがあり，ローマンシェードと総称される。劇場や公共施設だけでなく，住宅での使用も多くなってきた。図は（社）日本インテリアファブリック協会で定めた同カーテンスタイルとその呼称である。

■スタイルカーテン（ファッションカーテン）

	既に統一されているスタイル						新しいスタイル	
	センタークロス	クロスオーバー	ハイギャザー	スカラップ	セパレート	カフェ		
スタンダード								
バリエーション								

■ローマンシェード

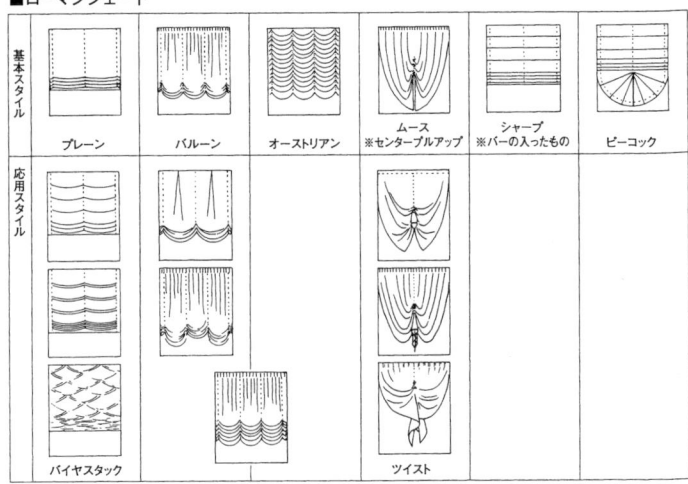

基本スタイル	プレーン	バルーン	オーストリアン	ムース ※センタープルアップ	シャープ ※バーの入ったもの		ピーコック
応用スタイル	バイヤスタック			ツイスト			

030

内装材

◉……………人間の身体に似ている内装材

　インテリアが美しく見えるのは，何気なく見ている床・壁・天井や，家具・照明などが目に映り感じるからである。

　床・壁・天井は，家具やカーテン・照明の背景になって意外と気がつかないものである。インテリアを人間に例えるなら，床・壁・天井は身体で，衣服が家具やカーテン・照明にあたる。衣服ばかりが目立つ場合もある。しかし，見かけだけでなく身体の本質も大切である。本当の美しさは内面からと言われる。インテリア空間の構成は，人体の構造に似たものがある。人間に合った住み心地良い空間が必要とされている。

　人体の骨格に当たるところは，柱や梁であり，筋肉に当たる部分は壁の下地材のボードであり，その上に張る壁紙は皮膚に例えられる。そして，人間がリフレッシュを希求するように，住まいにリフォームも必要である。

　今日では，生活する環境をつくる内装材について，エコロジカルな面からも考えねばならない。なぜなら，内装材が含むホルムアルデヒドなどが健康障害や環境汚染をもたらしているからである。「人の健康」を損ねないように配慮することが必要である。

　また，環境共生，地球資源のリサイクル，リユース，省エネなどを考慮した内装材の知識を学ぶことも重要である。人間のための安全で美的なインテリア材料を，適材適所にコーディネートすることが大切となる。

● 構造材料と仕上げ材料

インテリア材料には，柱や梁に用いる構造材料と，構造をつつみ室内の機能要求を満たす床・壁・天井に用いる仕上げ材料がある。

構造材料：骨組みとなる主体構造部で，力学的・耐火的に優れ軽量であることが必要である。材料には，セメント・コンクリート・鋼材・木材・石材などがある。

仕上げ材料：インテリアを構成する床・壁・天井の材料には，光や熱・音・水・空気を調節する機能性能を持つことが要件となる。また，さまざまな力や火・熱，さらに菌・虫などに対応する材料であること。そして人間の心理や生理に対しての適合性や，触れたり見たりする意匠性を考慮して，インテリア材料を選ぶことが必要である。

● 木材料

木材の種類：針葉樹（スギ・ヒノキ・マツなど）と広葉樹（ナラ・カシ・ケヤキ・ラワンなど）に分けられる。針葉樹は木肌が美しいので木造建築の化粧材や構造材に，広葉樹は素面こそ粗いが建築の造作材や建具，家具，合板の用材として使われている。

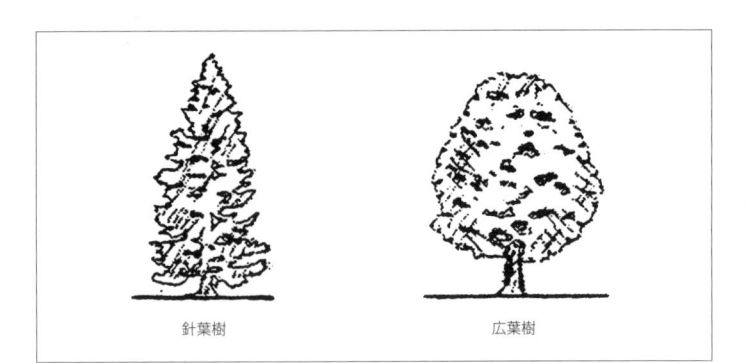

針葉樹　　　　　広葉樹

木材の特徴：木材は軽量だが強度は大きく，加工が容易なうえ美しい材料でインテリア材として多く使われている。しかし，天然材なので水分により変形しやすいため，人工乾燥などにより含水率を約15％前後にして使用する。

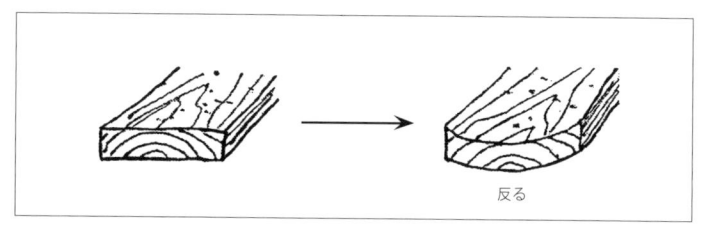

反る

●人工的につくられた（加工された）木材料

木材のもつ狂い・割れ・節などの欠点と，木材不足を補うためや省資源利用などを目的として，木材小片や挽板，スライス材を積層に接着してつくられた狂いの少ない集成材や合板などがある。

集成材：挽板や小角材などを人工乾燥させ，接着剤で繊維方向を平行に集成し接着したもので，ラミネートウッドとも呼ばれ，造作用材や構造用材として多用されている。

単板積層材：ＬＶＬ（Laminated Veneer Lumber）と表示される。2mm〜6mm厚の単板の繊維方向を平行に重ねたもので，構造用と造作用（家具やパネル芯に使う）の2種類がある。

合板：奇数の単体（ベニア）の繊維方向を交互に直交するよう重ね接着したもの。内装材や下地材として利用される。使われる接着剤により，完全耐水の1類（タイプⅠ），高度耐水の2類（タイプⅡ），普通耐水の3類（タイプⅢ）などの種類がある。

パーティクルボード：木材を小さな木片に砕き，接着剤を添加し熱圧で板状にしたもので，チップボードともいい，家具などの芯材に多用される。

インテリアの構成要素──内装材

木質繊維板：パルプや樹皮の木材繊維を板状に圧縮成型してつくられたもので，ファイバーボードともいい，以下のものがある。

① **ハードボード（硬質繊維板）**：比重が0.8以上，フェノール樹脂を加えて高温高圧で成型した板。曲げ加工や焼付け塗装もできる内外壁の下地材として多用されている。

② **MDF（中質繊維板）**：比重が0.4以上〜0.8未満の繊維板で，吸音材や家具の基材として使用される。

③ **インシュレーションボード（軟質繊維板）**：比重が0.4未満。抄造（紙を漉く方法）成型により，多孔質で断熱性に優れている。畳床用や屋根下地に多用されている。防水性を高めたシージングボード（心材）は外壁下地や床下地に使用されている。

● コンクリート材料

　コンクリートとは，セメントに砂・砂利・水を練り混ぜて一体硬化させたものを言う。セメントとは，石灰岩と粘土を粉砕，焼成し，石膏を微量加え，化学的に凝結する結合材で，ポルトランドセメント・混合セメント・特殊セメントがある。

コンクリートの特徴：圧縮強度が大きい。鋼の防錆効果を持つ。自由な造形が可能となる。耐火・耐水・耐久性に優れる。しかし，重量が大きく亀裂が発生しやすい。工期に日数がかかる。

レディーミクストコンクリート：工場で製造され，まだ固まらないまま工事現場に運ばれているコンクリート。

ＡＬＣ（Autoclaved Light-weighted Concrete）：内部に気泡をもつコンクリートで，軽量気泡コンクリートとも呼び，軽量で断熱・耐火に優れている。

プレストレスコンクリート：PC鋼材を入れて引張応力や曲げ抵抗を高めたもので，床や屋根のスラブ，橋梁などに使用される。

プレパックトコンクリート：先に型枠内に骨材を入れておき，その隙間にモルタルを注入するコンクリート。

◉ 床・壁・天井の仕上げ材料

インテリアを構成する，床・壁・天井の仕上げ材として，代表的な加工材料には以下のものがある。

❶床仕上げ材

木質系床仕上げ材：ナラ・ブナの天然木をそのまま加工した縁甲板，合板の基材に天然木を挽いた薄板を張って樹脂塗装をしたフローリングボードや，コルクなどがある。特にフローリングボードには遮音シートや防振層を裏打ちした遮音用，WPC樹脂で耐熱性を高めた床暖用の各ボードがある。

セラミック系床仕上げ材：陶石や長石，石英，粘土などを粉砕し，成型・焼成したもので，特に耐衝撃性，耐磨耗性が必要な床用には磁器質系が多用される。目地をつけて床モルタル張りとする工法が一般的である。

繊維系床仕上げ材：感触がよい材料で多用される。タイル式のカーペットなどは部分的な処理が簡単にできる。カーペットについては，第2章［カーペット］の項を参照のこと。

プラスチック系床仕上げ材：基材にビニル系の粘着剤と充填剤を混ぜて，タイル形状にした「ビニル床タイル」とシート状に成型した「長尺床シート」がある。シートの中間に発泡剤を入れた積層タイプがクッションフロアと呼ばれるもので，店舗や住宅の水まわりに多用されている。

❷壁仕上げ材

　左官壁仕上げ材：従来からの左官壁仕上げ材には漆喰，プラスター，モルタル，土などがあるが，近年ではセメントや合成樹脂材を主材とした吹付け仕上げ材が多くなってきた。白セメントを主材とした「セメントリシン」，合成樹脂塗料を複層模様に吹付ける「吹付けタイル」，パーライトを骨材にして吹付ける「パーライト」などがその例である。

　木質系壁仕上げ材：最も多く用いられる内装用合板には，普通合板（いわゆるベニヤ板）に天然木の突板を張った「天然木化粧合板」，メラミン樹脂やポリエステル樹脂を含浸させた「合成樹脂オーバーレイ合板」，木目などを印刷した紙を貼って塗装した「プリント合板」などがある。

　壁紙壁仕上げ材：住宅や店舗，オフィスを問わず，石膏ボード下地にビニル系壁紙を貼って仕上げる壁仕上げが近年では最も多い。壁紙については，第2章［壁紙］の項を参照のこと。

❸天井仕上げ材

　無機質系天井仕上げ材：プラスターボード（漆喰板），岩綿吸音板，ケイ酸カルシウム板，石綿スレート板などがある。

◉……断熱材

繊維質材：ロックウール（岩綿），グラスウール（ガラス繊維），インシュレーションボード（軟質繊維板），発泡プラスチックなどが，床・壁・天井の断熱材として使用される。

◉……吸音材

多孔質材：吸音にはロックウール，グラスウールなど多孔質な材料が多用されている。

◉……採光材

ガラス材：フロートガラス（透明板ガラス），型板ガラス（模様付き），すり板ガラス，網入り板ガラス，合せガラス，強化ガラス，熱線吸収ガラス，熱線反射ガラス，複層ガラス，ガラスブロックなど，それぞれ厚みや大きさに違いがあり，多種類にわたる。窓や壁面に多く使用される。

◉……下地材

石膏ボード：板状の石膏板を厚紙で被覆したもの。プラスターボードともいう。防火性に優れた下地材として，壁紙仕上げの下地に多用されている。特に防水処理をしたものはシージング石膏ボード，塗り壁の下地用はラスボードと呼ばれている。

その他のボード類：木細片や木毛をセメントと混ぜてプレス成型したセメント板，石綿に結合剤を加えて加圧成型したロックウール板や石綿スレートなど，その不燃，断熱の特質を生かした下地材として多用されている。

■内装材見本の例

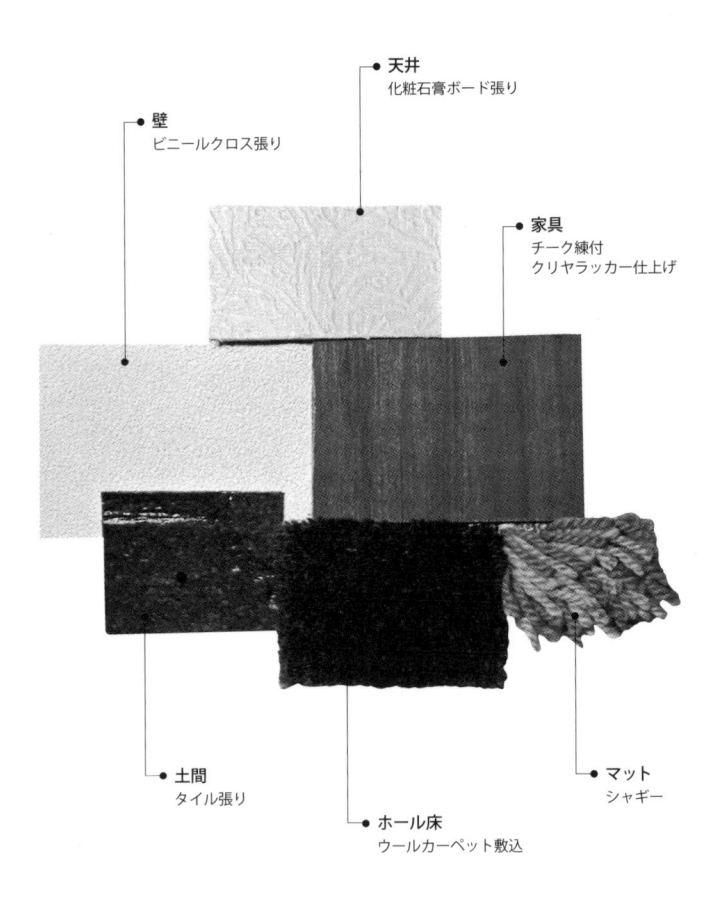

- 天井
  化粧石膏ボード張り
- 壁
  ビニールクロス張り
- 家具
  チーク練付
  クリヤラッカー仕上げ
- 土間
  タイル張り
- ホール床
  ウールカーペット敷込
- マット
  シャギー

第2章　インテリア・デザインの基礎知識

カーペット

床の装飾・保温・吸音を目的としたカーペットの代表的な種類には，次のようなものがある。

◉ カーペットの種類

●緞通（だんつう）

パイル糸を1本1本地経糸にからませた手織りのカーペットで，代表的なものにはペルシャ（イラク），トルコ，青島（中国），日本では鍋島（佐賀），山形の各産地名を付けた緞通がある。シルクやウールの動物繊維をパイルとしたもので，製品は高級かつ高価で一般には装飾や置敷のマットとして用いられている。

●ウィルトンカーペット

18世紀中頃，英国のウィルトン地方で織り始められたジャカード織りの機械織り高級カーペットで，パイル密度が高く，緯糸の本数により二越，三越などの種類がある。パイル糸は保温性，弾力性，保湿性，耐久性に富み，風合や感触もよいウールが多用されている。

●アキスミンスターカーペット

英国のアキスミンスター地方で織り始められた多色の機械織りカーペットで，複雑な色柄のデザインが特色である。

●タフテットカーペット

戦後のアメリカで発明されたタフテットマシンを使ってつくられた機械刺しカーペット。従来の織りカーペットではなく，パイル糸を基布に刺し込む製法で，コストダウン化により近年のカーペット生産量の80％以上を占めている。同カーペットの繊維にはアクリルの合成繊維や他の繊維と混紡したレーヨンの再生繊維が多用されている。

●ニードルカーペット

　短繊維をニードルで基布に突き立てフェルト状にした不織布カーペット。軽く耐水性に富むポリプロピレン樹脂繊維が主材。コストが安く，全面接着工法で店舗や事務所を中心に多用されている。ニーパンと略称する。

●コントラクトカーペット

　事務所やホテル，公共施設などに多用されている敷き込みカーペットの呼称。同カーペットには耐摩耗性，耐久性に富むナイロンの合成繊維が使われているが，帯電しやすいため，ステンレススチール糸を織り込むなどの帯電防止の加工が施されている。

●タイルカーペット

　40〜50センチ角にカットし特殊加工を施した置き敷き用のカーペットで，敷き込み工事ができないOA対応床材として使用されている。

◉……カーペットの施工

　カーペットの施工方法には，後ではがしやすいように工夫された接着剤を用いる〈ピールアップ接着工法〉や糊を使わない〈グリッパー工法〉による全面敷き詰めと，必要なサイズにカットし周囲をミシンがけする〈オーバーロック工法〉による置き敷きなどがある。

さまざまなカーペットの売場

壁紙

　色柄が多様で施工が楽な壁紙は，石膏ボード下地の乾式工法の仕上材として，その主流となっている。以下は壁紙の種類と施工に関する紹介である。

◉……壁紙の種類と施工

●ビニル壁紙
　ポリ塩化ビニルに可塑剤や発泡剤などを混合し，フィルム状またはペースト状とし紙に張ったり塗布したビニル壁紙は，耐水性や施工性もよく，壁紙全体の90％近くを占めている。

●布壁紙
　織布や不織布，フエルトなどを紙で裏打ちした壁紙で，柔らかい風合と高級感はあるが耐水性やメンテナンス性，また内装制限による袋下張りの禁止などから，その使用は少なくなっている。

●純壁紙
　多彩なプリントやエンボス加工した洋紙で，多くは耐汚性，耐湿性が付加され，水拭きが可能である。

●特殊機能壁紙
　ビニル壁紙に特別な性能を付加したもので，同紙にはポリエステルフィルムをラミネートしたり，樹脂をコーティングして汚れを拭きやすくした〈汚れ防止壁紙〉，防カビ剤を混入させてカビの発生を少なくした〈防カビ壁紙〉，吸水性ポリマーを入れて通気透湿性を付加した〈結露防止壁紙〉，難燃剤を含浸させた〈防火壁紙〉などがある。

●壁紙の施工
　壁紙の施工には，パテやシーラーで表面を処理した下地に直接壁紙を張る〈直張り〉と，和紙やクラフト紙の下紙を張ってその上から壁紙を張る〈上張り〉がある。内装制限の対象となる室での施工は直張りに限られている。下地処理や下張り，目地処理などについては省略する。

システムキッチン

　台所設備機器として,その普及がめざましいものにシステムキッチンがある。システムキッチンとは,調理作業のための調理台や機器,収納のためのキャビネットなどを有機的に設置した設備の総称で,その設計や販売を担当する専門のキッチン・スペシャリストの活躍が注目されている。

◉……システムキッチンの種類

　システムキッチンは,流し台やコンロ台などの単品を並列に設置した従来型のセクショナルキッチンと異なり,甲板(ワークトップ)が一連でキャビネット間に隙間がなく,部材や機器の種類や寸法が多いのが特長である。

　その種類には,工場で生産した部品や部材を現場で組み合わせる方式で輸入品に多い〈部材ユニット(2種H)型〉と従来型のセクショナルキッチンとの中間型で国産品に多い〈簡易施工(3種M)型〉がある。

システムキッチンの例

■1種（S型）

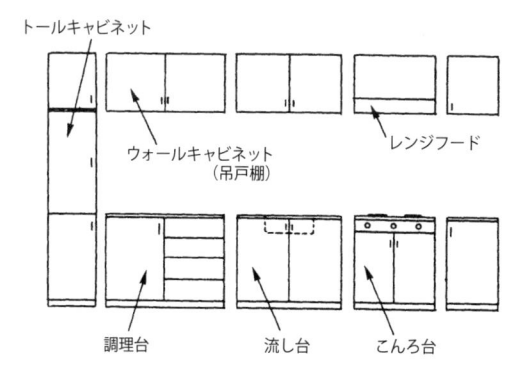

トールキャビネット
ウォールキャビネット（吊戸棚）
レンジフード
調理台　流し台　こんろ台

■2種（H型）

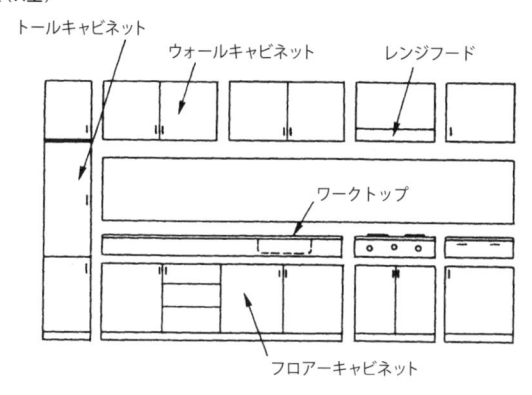

トールキャビネット
ウォールキャビネット
レンジフード
ワークトップ
フロアーキャビネット

■3種（M型）

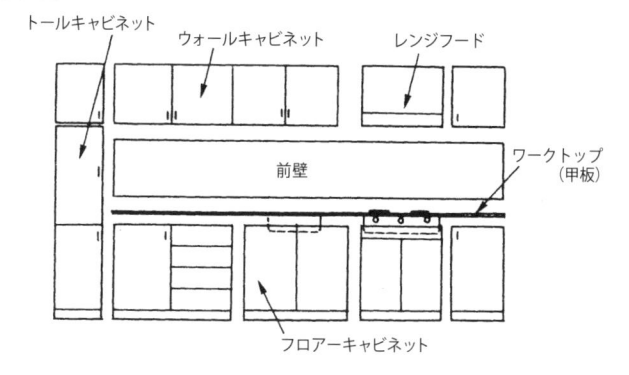

トールキャビネット
ウォールキャビネット
レンジフード
前壁
ワークトップ（甲板）
フロアーキャビネット

インテリアの構成要素―システムキッチン

● システムキッチンの部品・部材

　システムキッチンを構成する部品・部材には，調理・作業を行うカウンターの〈ワークトップ〉とワークトップの下台となり収納部となる〈フロアーキャビネット〉，吊り戸棚の〈ウォールキャビネット〉，キャビネットと壁面との隙間をふさぐ〈フィラー〉などがあり，システムキッチンを専門に施工する工事店により現場で組み立てられ施工されるのが普通である。

● キッチンの設備機器

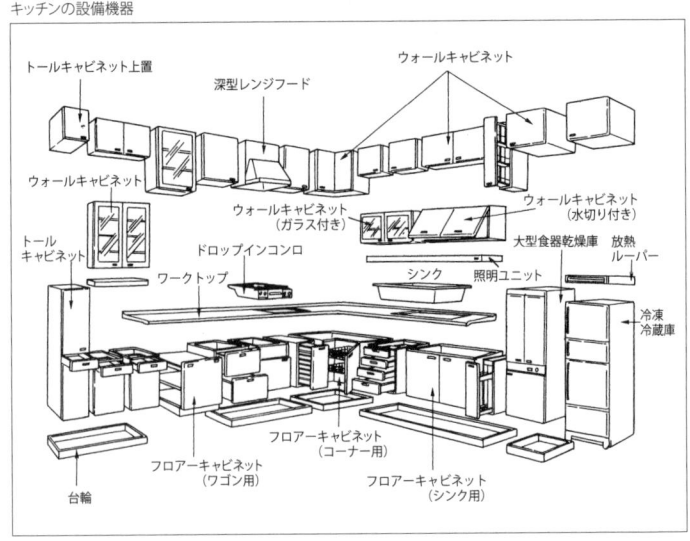

　キッチンの代表的な設備機器の中で，特に加熱機器には，ガスを熱源とするガステーブルやオーブンや電子レンジを組み込んだオーブンレンジ，ガスコンベクションがある。電気を熱源とするものにはシーズヒーター式やハロゲンヒーター式，電磁式のクッキングヒーターがあり，近年，安全性や防災上の理由からその利用が増えている。

キッチンの設備機器

バリアフリー

バリアフリーとは，高齢者や身障者のために，障壁をなくす安全設計や同計画を言う。初めから障壁そのものをなくした計画や高齢者や身障者だけでなく健常者を含めたすべての人が等しく使いやすく快適に生活できるように考えることを〈ユニバーサルデザイン〉と言い，バリアフリーは，本質的にユニバーサルデザインのためのデザインでなければならない。

高齢者は加齢に伴い運動機能をはじめ，さまざまな心身の機能が低下するため，日常の安全を確保することが難しくなる。高齢者や身障者のハンディキャップを考慮した生活空間の設計と生活をサポートする補助用具のいくつかを紹介する。住宅の改修・改造，福祉用具の活用などの相談においては，その専門家として認定された〈福祉住環境コーディネーター〉の活躍が期待されている。

● バリアフリー対応住宅

高齢者や身障者のためのバリアフリー対策の主なものには，①部屋間の段差をなくす，②廊下や浴室・トイレなど必要なところに，適切な位置に手すりをつける，③車椅子の移動や操作ができるように廊下や出入口等の幅を確保する，④緊急事態に備えた設備や通報システムを設けるなどがある。特に，国土交通省住宅局では，その指導マニュアルとして〈長寿社会対応住宅指針〉を発表しているので，参照するとよい。部屋別に考慮しておきたい寸法，機器類などあるが，ここでは省略する。

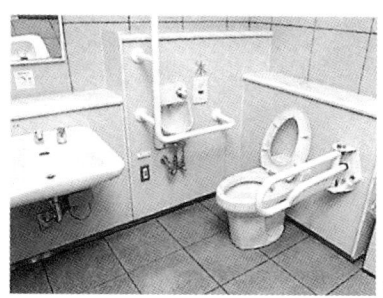

バリアフリー対応の駅トイレ

◉ 高齢者・身障者向け補助用品

　高齢者・身障者の日常生活をサポートするための補助用品には，移動を補助する車椅子やリフト，歩行器，昇降機など，動作を補助する姿勢変換機能をもつベッドや椅子など，多種多様な商品が開発され，その使用においては介護保険制度により貸与や購入費支給の支援がなされている。

インテリア関連法規・制度

◉ 主な法規・制度

　インテリアに係わる業務には，その活動を規制するさまざまな法律がある。以下は，その業務と主な法規・制度である。

● 建物の構造・設備関連

　不特定多数の人が利用する劇場や百貨店，料理・飲食店，物販店，学校，その他の内装制限の対象となる建築物の天井・壁は準不燃材や不燃材などの定められた防火性能を有するものを使用すること，火を使用する設備のある調理室や最上階を除く住宅の台所などの天井・壁は準不燃材以上のものを使用することなど，いずれも〈建築基準法〉により定められている。使用する防火材料の不燃材，準不燃材，難燃材の区分も同法の規定による。特に，内装制限を受ける部屋での壁紙は，その下地となる材料との組み合わせで，防火性能が異なるので注意する。

● 防火および防炎規制

　高層建築物や不特定多数の人が利用する地下街や百貨店，ホテルなどの防火対象物（建物）で使うカーテン，カーペットなどは，基準で定めた防炎性能をもつ防炎物品でなければならないことが，〈消防法〉により定められている。

● 契約・取引・宣伝等の販売関連

　販売に係わる売買・契約・請負などの基本的規定は〈民法〉による。また同法では，代金支払の時効や修理品の留置権などについても規定があるが，詳しくは別の機会に譲る。

　取引では公正で自由な競争を確保するために定められた〈独占禁止法〉があり，同法では私的独占，不当な取引制限，不公正な取引方法を三大禁止行為としている。競争企業や取引企業との間でトラブルをおこさないよう注意したい。同法を補完するために制定された〈景品表示法〉では，不当な表示による宣伝や商習慣になじまない取引上提供される物品や金銭や誤認されやすい不当表示の宣伝などを，その規制の対象としている。

● 表示・マークに係わる法律・制度

　インテリア商品の仕入や販売で留意しておきたい表示マークとその法律・制度は数多い。以下は，その主なものである。

　① 防火，防炎，安全に関する認定表示

　　〈建築基準法〉の内装制限では，不燃，準不燃，難燃の各材料に，国土交通省住宅局認定の表示義務，〈消防法〉では防炎規制を受けるカーテンやカーペットなどの防炎性能を認定した防炎マーク，〈電気用品取引法〉では，特にテレビやエアコンなどの甲種電気用品には認可の▽マーク，〈ガス事業法〉では都市ガスを用いる器具には検定合格のTGマーク，〈液化石油ガス法〉では，プロパンガスを用いる器具には検定合格のLPGマークを，〈消費生活用製品安全法〉では，乳幼児用ベッドや圧力釜などの特定製品には安全基準に合格したことを示すS（安全）マークを，それぞれ表示することを義務付けている。

　　これら表示の対象となる物品の多くは，販売もしくは販売のための展示をしてはならない"販売規制"があるので注意しておく。

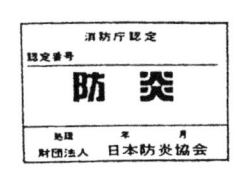

認定表示マークの例：上段左より，防炎マーク，TGマーク，LPGマーク，安全マーク

②品質表示に関する表示類

〈家庭用品品質表示法〉では，品質の識別のためカーテンや床敷物，家具類などの指定商品には，定められた表示事項を表示することを義務付けている。

〈優良住宅部品認定制度〉では，住宅部品の品質，性能など優れたものに対人賠償責任保険付きのBLマークを，〈優良断熱建材認定制度〉では断熱建材の性能認定のDKマークを，それぞれの認定団体が表示している。

カーペットに表示されているウールマークは国際羊毛事務局，Cマークは日本カーペット協会，NPマークは日本不織布工業会，制電マークは日本インテリアファブリック協会が，それぞれの会員企業が会で定めた品質基準に適合したものとして表示する自主表示マークである。

品質表示のマークの例

インテリア・アクセサリー

インテリア・アクセサリーは，インテリア・エレメントの中では比較的小さなものだが，インテリア全体のイメージやスタイルにおよぼす影響はたいへん大きなものがある。場合によっては，デザインの主題となることもある。デザイン上のアクセントとして，あるいは個性やセンスの表現手段として，インテリアを豊かで楽しいものにしてくれる。

インテリア・アクセサリーには，装飾性の強いもの，機能性を重視するもの，両方を兼ね備えねばならないものがあるが，デザイン的には，個々の選択と共に空間の中でのアレンジメントが重要となる。

インテリア・アクセサリーは，デザイナーが選択やオーダーする場合と，クライアントが選択した品や手持ちの品を使用する場合，それに専門のアートプランナーなどに依頼する場合もある。

◉……装飾品

●アートやオブジェ

絵画や版画，掛け軸，タペストリーなどのように壁面を飾るものは，その空間のフォーカルポイントとなる。特に床の間や西洋的なウォールコンポジションでは欠かせないエレメントになる。作品だけではなく，額装や表装，付属品などに配慮しトータルコーディネートを考慮すべきである。彫刻やオブジェなど立体物は，空間の大きさとのスケール感に注意して飾らなければならない。

●コレクション

素晴らしいアンティークから単なる収集品までさまざまだが，グルーピングするなどして美しく見えるための工夫をして飾ることが必要である。

◉……観葉植物や花

植物は空間に生命感を与えてくれる。単なる装飾としてだけではなく，有害物質を吸収し，植物療法としての効果も期待できる。

植物は季節や室内の環境条件に左右されるので，その点の配慮が必要

で，メンテナンスができる位置に配置しなければならない。空間の条件によっては生花だけでなく，プリザーブドフラワーやドライフラワー，アートフラワーなどの利用も考えられる。

　観葉植物や花そのもののイメージも，鉢や受け皿，プラントボックスや花器などもインテリア全体とのコーディネートを考えて選ぶこと。また生け花や盆栽，フラワー・アレンジメントのテクニックも重要である。

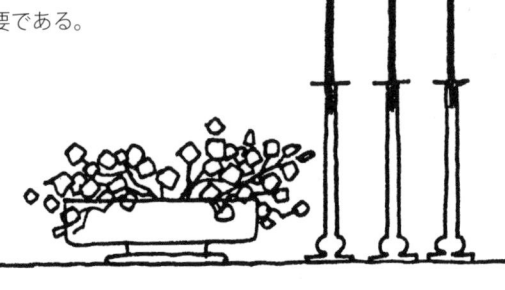

◉ ランプとラグ

●ランプ

　テーブルランプやフロアーランプは，点灯しない昼間は特にオブジェとしての装飾性を，点灯時は部分照明としての機能性と光による空間の演出効果も兼ね備えている。そのため，複数の条件を満たすものを選択しなければならない。特に夜間は，ランプの配光によってはスポットライトなどと同様にフォーカルポイントがきまるので，周辺のアレンジメントも重要となる。

● ラグ

　伝統的なオリエンタルラグ，エスニックラグ，新感覚のデザイン，新しい素材によるコンテンポラリーラグなど多くの種類がある。エリアラグからマットまで，特に家具のスタイルやサイズとの調和を考えて選ぶようにする。

◉……**実用性のあるアクセサリー**

　オフィスのデスクアクセサリーやレストランのテーブルウェアなどは，実用性と共に装飾性やステイタス感なども必要とされる場合がある。テーブル・デコレーションには，その他フラワー・アレンジメントやキャンドルなどによるセンターピースやフィギュアと呼ばれる装飾品とテーブルリネンが必要となる。

　その他の実用性が求められるアクセサリー類も，インテリア全体のスタイルやイメージにあわせて選ぶようにしなければならないが，かなわない場合は目立たないものにする。

インテリアの構成要素―インテリア・アクセサリー

◉ ソフトファーニシング

ファブリックスによるホームリネンで，装飾と生活用品としての機能性が求められる。

● ベッドリネン

ベッドを使用しない時に掛けておくベッドスプレッドやさまざまなスタイルのベッドカバー，ベッドのタイプによって必要なボトムカバー（ダブルクッションのベッドなどに使用），装飾用の各種ピロー（枕）などインテリア全体とのコーディネートを重視する装飾用のものと，シーツやピローケース，ベッドメーキングのスタイルによって使用するコンフォーター（掛布団）など実用性が高くメンテナンスの頻度も高いものとがあるが，ベッドリネン全体のコーディネートも考慮する。

インテリアスタイル，ベッドのタイプやベッドメーキングのスタイルによって必要なアイテムや形態が異なるので，美的にも機能的にも適切なものを選択する必要がある。

● クッション

ソファの上や床の上で使用するさまざまなサイズや形のものがあり，実用性もあるが，装飾だけが目的の小さなものもある。

● テーブルリネン

テーブルクロス，プレイスマット，ナプキン，テーブルランナーなど主に食卓まわりやサイドテーブルなどで使用する。レストランなどでは特にメンテナンスしやすく耐久性のあるものが求められる。

● バスリネン
　主に西洋式のバスルームで使用されてきたバスマット，バスローブ，各種タオルなどで，メンテナンス性はもちろん，独特のバスルームアクセサリーとして，ホテルなどではアメニティ・グッズとのコーディネートも重要となる。

◉‥‥‥‥見えないインテリア：香り
　癒しが求められるようになってアロマテラピー（芳香療法）が注目され，応用として室内香に関心がむけられている。嗅覚は五感のなかで一番はじめに感じられるもので，インテリアの第一印象も香りによって左右されてしまう。また香りが心身に与える影響も重要で，目的に応じて使い分けなければならない。香りの嗜好は個人差がたいへん大きいので，不特定多数のための空間ではその選択に十分な注意が必要となる。
　香り自体は見えないものだが，デュヒューザー（拡散器）や香炉などのツールは，他のアクセサリーと同様にインテリアのイメージにあわせて選びたいものである。

2—3 インテリア・デザイン様式史

Chapter 2

インテリアの歴史は住まいの歴史であるが，ここではデザイン様式の始まりとされるヨーロッパ15世紀のゴシック期から近年のポスト・モダン，ニューウェーブまでの流れを，家具（椅子）に焦点をおいて解説する。

一般にデザインの様式は，その発生した時代の価値観，風土，民族，社会制度，思想などにより形成されていく。以下は，その代表的な様式の概要である。

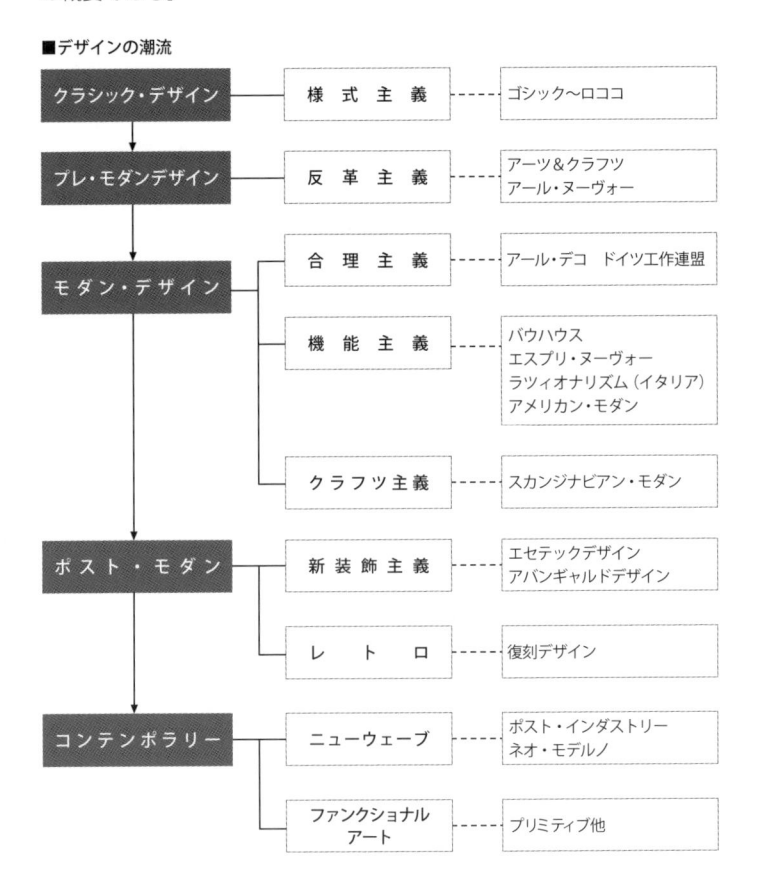

■デザインの潮流

潮流	主義	様式
クラシック・デザイン	様式主義	ゴシック〜ロココ
プレ・モダンデザイン	反革主義	アーツ＆クラフツ／アール・ヌーヴォー
モダン・デザイン	合理主義	アール・デコ　ドイツ工作連盟
	機能主義	バウハウス／エスプリ・ヌーヴォー／ラツィオナリズム（イタリア）／アメリカン・モダン
	クラフツ主義	スカンジナビアン・モダン
ポスト・モダン	新装飾主義	エセテックデザイン／アバンギャルドデザイン
	レトロ	復刻デザイン
コンテンポラリー	ニューウェーブ	ポスト・インダストリー／ネオ・モデルノ
	ファンクショナルアート	プリミティブ他

● ……… ゴシック様式

　ゴシック様式は，ヨーロッパの12世紀後半から15世紀末の北フランスを発祥とするキリスト教芸術の様式である。当時はキリスト教文化の全盛期で，教会建築にその権威を誇示する意匠が様式化されている。パリのノートルダム寺院がその代表的建築物で，力強い垂直線による仰高性と荘厳さが特徴であり，そこに使われている椅子の意匠にも，建築の様式がそのまま用いられ，使う人の身分や権力を象徴するものとして存在していた。

　一般の住居はまだ簡素であったが，一部の貴族や富裕な身分階層では，独立した私室もあり，そこで使った家具には，前述の教会建築の意匠を彫刻したチェスト（櫃）やセッツル（長椅子），天蓋付きの寝台などがあった。

　ゴシック様式の意匠上の特徴をまとめると〈尖塔アーチ〉〈浮彫り〉〈ヒダ状のリネンフォールド〉〈リブ構造〉〈バラ窓〉などである。

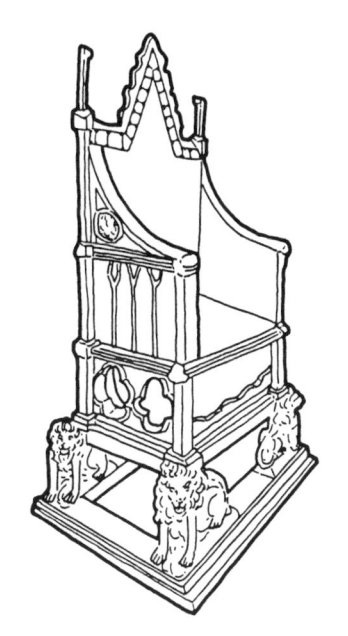

ゴシック様式の椅子

● ルネサンス様式

　ルネサンス様式は，14世紀から16世紀のイタリアを中心に興隆した芸術様式で，ゴシック期の宗教や王朝の権威の象徴としての様式を脱し，ギリシャ・ローマの古典の復興を意図した新興市民を中心に栄えた文化様式である。建築では，古典意匠のオーダーとシンメトリー構成をもつ城館や邸宅が数多く見られる。

　インテリアの意匠は，シンメトリーとプロポーションが重視され，絵画やタペストリーを壁飾りとしている。家具では，古典意匠の装飾を施したカッソーネ（蓋付きの収納家具）やベンチを兼ねたカッサパンカ（長椅子），婦人用のサロンチェアのカクトワール，古代ローマのストゥールを復刻したサヴォナローラ（X型椅子）などがこの様式を代表するものである。

ルネサンス様式の椅子：サヴォナローラ

● バロック様式

　バロック様式は，16世紀後半から18世紀初頭までフランスやイギリスを中心に隆盛した様式で，その装飾は王侯貴族や統治者の権威を誇示する絢爛豪華，装飾過多に特徴がある。特に，この様式はフランスではルイ14世様式，イギリスではウィリアム＆メアリー様式として知られている。同様式の建築ではフランスのベルサイユ宮殿，イタリアのサンピエトロ聖堂が有名である。家具の意匠は荘重，男性的で金泥塗装，亀

甲や象牙の象嵌装飾に特徴がある。ルイ14世の宮廷家具師アンドレ・シャルル・ブールによる亀甲象嵌を施した家具はこの様式を代表するものとして有名である。オランダのバロック様式が導入されたイギリスのウィリアム＆メアリー様式は，ウォールナット材に渦巻彫刻を施す意匠に特徴がある。

ウィリアム＆メアリー様式の椅子

◉………ロココ様式

　ロココ様式は，18世紀フランスのルイ15世統治時代に成立した装飾様式で，貝殻装飾と曲線を多用した，繊細かつ優雅な意匠に特徴がある。前様式が絢爛豪華で男性的であったのに対し，ロココ様式は軽快優雅で女性的なイメージである。特に，椅子の意匠に見られるカブリオーレ・レッグ（猫脚）とシンプルな菱形渦巻や貝殻彫刻にその特徴があり，今日のクラシック家具様式の意匠の源流となっている。

　ロココ様式の影響を受けたイギリスのジョージ・アン統治時代には，ゴシックや中国（シノワズリ）の様式が加味されたリボンバック（リボン飾り彫刻の背板）や組子意匠の背板をもつトーマス・チッペンデールに

よる〈チッペンデール様式〉が登場している。

　ルイ16世統治以降の18世紀後半には，古代ローマ様式の影響を受けた〈ネオ・クラシシズム（新古典主義）〉が興隆し，イギリスではヘップルホワイトによる楯型の背もたれをもつシールドバックとトランプのスペード型をした角脚のスペードフットに特徴をもつ〈ヘップルホワイト様式〉が完成された。

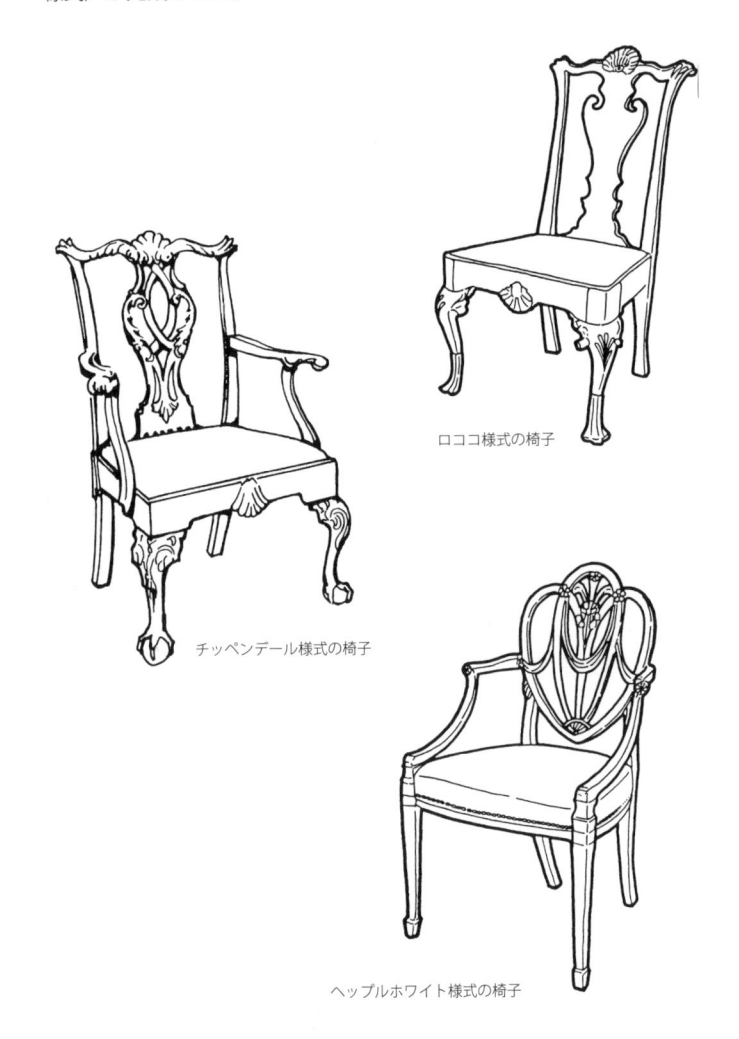

ロココ様式の椅子

チッペンデール様式の椅子

ヘップルホワイト様式の椅子

●⋯⋯⋯⋯アール・ヌーヴォー様式

　アール・ヌーヴォーは19世紀末から20世紀初頭のベルギーを発祥とした〈新芸術運動〉で，過去の歴史的様式と当時の産業革命による機械生産を否定した新様式として，ヨーロッパの建築や美術・工芸の分野に広く影響を与えた。植物をモチーフにした意匠が多く，その構成は複雑かつ放縦な曲線を特徴とし，強烈な印象である。同様式を代表する芸術家には，建築家でその創始者アンリ・ヴァンデ・ヴェルデ，ヘクトル・ギマール，工芸家のエミール・ガレなどがいる。

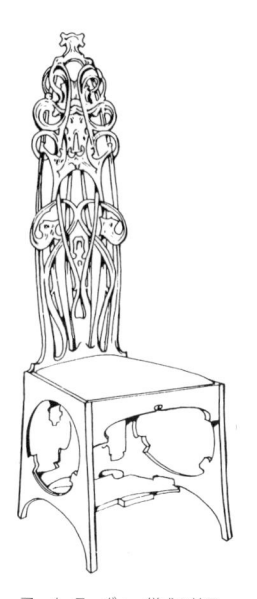

アール・ヌーヴォー様式の椅子

インテリア・デザイン様式史

◉ …… **アール・デコ様式**

　アール・デコは1910年から1930年にかけて広まった装飾様式で，アール・ヌーヴォーの耽美的で装飾過多の意匠に対し，直線的でシンメトリカルな形態とガラスや金属の多用にその特徴がある。1925年パリで開催された〈装飾美術と近代工業の国際展覧会〉をピークとしたが，同様式は以降のモダンデザインの意匠に大きな影響を与えている。

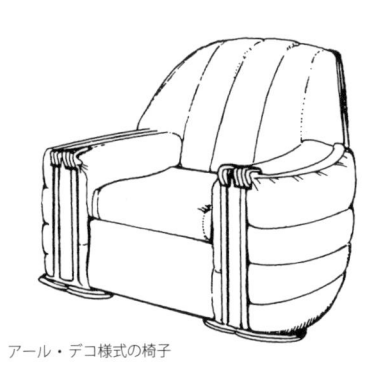

アール・デコ様式の椅子

◉ …… **モダン様式**

　近代モダンデザインの基礎となったのは〈ドイツ工作連盟〉の理念を継承し，機能性と量産化のための技術や材料を追求したワルター・グロピウスが1919年に設立したドイツの〈バウハウス〉であり，風土や民族を越えた国際様式として高く評価されている。バウハウスを代表するデザイナーにはグロピウスの他に，建築家でスチールパイプのカンティレバー，チェスカ・チェアで知られるマルセル・ブロイヤーがいる。同時代のオランダでは，装飾を排し，構成要素を抽象化した構造を表現した〈デ・スティル〉がある。その代表的建築家には，ジグザグ・チェアやレッド＆ブルー・チェアをデザインしたトーマス・リートフェルトがいる。

モダン様式の椅子:レッド&ブルー

　フランスの建築家で世界的に活躍したル・コルビュジエは，1927年機能主義理論〈近代建築の五原則〉を発表，〈家は住むための機械〉として機能と美を追求し，機能主義建築の世界的巨匠として知られている。ル・コルビュジエの家具デザインには，背の角度が座る姿勢に応じて傾斜するバスキュラント・チェアやシェーズ・ロング(寝椅子)などがある。

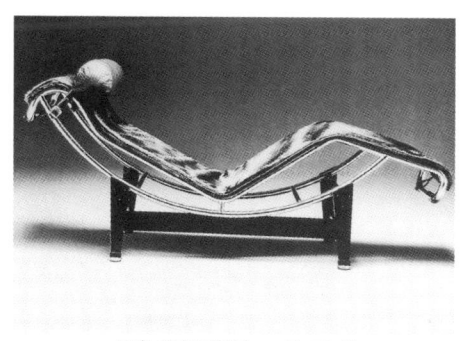

モダン様式の椅子:シェーズ・ロング

● アメリカン・モダン様式

　第2次大戦後のアメリカでは，高度の技術力と資本力を背景に，機能主義モダンデザインが主流となった。工業生産化の中で，合成樹脂（プラスチック）やアルミなどの新素材の利用は必然的に，シンプルな形態を追求する造形表現となり，〈シンプル イズ モダン〉が定着していく。アメリカン・モダンを代表するデザイナーには，プライウッド・チェアやラウンジ・チェアで知られるチャールズ・イームズや，チューリップ（ペデスタル）・チェアをデザインしたエーロ・サーリネンらがいる。

アメリカン・モダン様式の椅子：チューリップ・チェア

● イタリアン・モダン様式

　イタリアン・モダンデザインは，20世紀中葉より今日まで，ユニークな発想と新鮮なイメージで，世界のデザイン界をリードし，風靡した。
　19世紀末までを，権威や身分を象徴する様式のデザイン，20世紀中葉までを機能主義のデザインとするなら，それ以降を感性のデザインと言ってもよく，その中心となったイタリアン・モダンデザインは，以降のポスト・モダンからニューウェーブによるアドバンスデザインまで，そのリーダーとなった。

イタリアン・モダンを代表する建築家，デザイナーには，イタリア近代建築の父とされるジオ・ポンティ，カッシーナ社で数多くの家具デザインを発表しているヴィコ・マジストレッティやトビア・スカルパ，オリベッティ社やルノー社のデザインも手掛けたマリオ・ベリーニらがいる。

イタリアン・モダン様式の椅子：
スーパーレジェーラ／G. ポンティ

イタリアン・モダン様式の椅子：
キャブ／M. ベリーニ

インテリア・デザイン様式史

●……… ポスト・モダン様式

　1980年代以降，社会や経済が成熟期を迎えると，世界のデザイン界は機能主義を越えた新しい感性の時代となる。価値観の多様化，個性化に伴うデザインの再構築である。

　色彩や形態を視覚言語とした〈新装飾主義〉的志向はグローバルな〈アバンギャルド〉デザインとして形成されていった。特に〈メンフィス〉や〈アルキミア〉の運動は，人間性を忘れたモダンデザインに対するアンチテーゼとして評価されている。個性豊かな感性によるポスト・モダンは，グローバリゼーションの中，第三世代に共感され，〈ニューウェーブ〉の潮流を多様化し，世紀末的様相を呈した。〈ポスト・インダストリー〉〈ネオ・モデルノ〉〈ネオ・プリミティブ〉などがその例である。

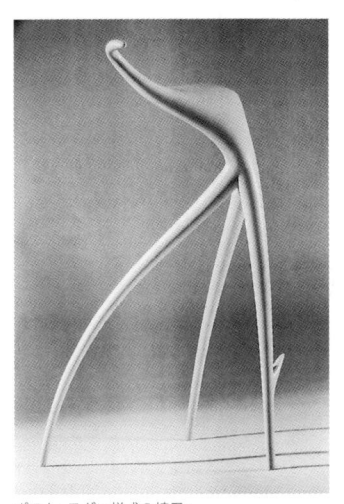

ポスト・モダン様式の椅子：
Wスツール／P.スタルク

ポスト・モダン様式の椅子：
ファースト／M.deルッキ

　21世紀の今日のデザインは，時空並存の共感性を背景に，さまざまな感性の中で，融合化され新しいデザインが形成されつつあり，その表情に興味は尽きない。

第3章
実例で見る
インテリアの設計

case study on practical interior design

3-1
店舗の新築とリニューアル
Chapter 3

●……商業空間デザインの考え方──商業空間デザインって何？

　商業空間はふたつに大別される。一般的に「店舗」と呼ばれる，レストラン・バー等の飲食店舗やブティック等の物販店舗のような単一の商業施設空間と，デパート・ショッピングセンター等の大型商業施設，もしくはアーケード・プラザ等の名をもち「店舗」が集まった状態のような集合体としての商業空間で，これは一般的に「商環境」と呼ばれる。

　いずれにしても商業空間はその営業によって利益を得るための施設空間であり，商業空間デザインはその営利を助けるための重要な手段と考えられている。

●……商業空間デザインのポイント──商業空間デザインのために考えること

【人の流れをつかみ，誘引する仕掛けを考える】

❶プランニング，動線計画──人を導き入れるためのプラン，仕掛けづくりをする。

　人を空間の中に誘いこむことが重要であるため，人の流れをよく理解して人の流れに沿ったプランニング（平面計画）を考え，その人の流れに対する見せ方，見せ場づくりを考える。

❷外部へのアピール──外にいる人を惹きつける仕掛けづくりをする。

　「店舗」としては常にアピールして外の人に印象づけるように上手に目立つことが必要である。また，遠景からの見え方，近景での見え方も同時に考えることが必要となる。

　「商環境」としてはもちろん目立つことも重要ではあるが，周りの環境になじむこと，もしくは街並みを意識してデザインすることも重要な要素となる。

【何を売るかを理解し，その売り物に最も適したデザインを考える】

　何を売るのか，何を食べさせるのか，どういう内容の施設かをイメージさせるための雰囲気づくりは重要なポイントであるが，売るものをじゃまするような過度な装飾やデザインは必ずしも良いとは言えない。
　売り物に適したデザインを常に意識しておくことが最も大切なポイントである。

【商業空間デザインには，的確なサービススペース，動線の確保が重要な要素となる】

　ゲストのためのスペース，動線は第一に考えられるべきであり，ゲストにとって良い環境や良い視線を確保するために，サービスの動線とゲストの動線が交錯することのないようにするとともに，適切なバックスペースが必要となる。

【完成したときに一番良い状況をつくり，将来の変化にも対応できるものを考える】

　オープンする時に旬のデザインとして，より良い状況をつくりだすことが重要である。特に「商環境」デザインは先を見据えてのデザインが必要であり，そのためのスケジューリングが必要となる。
　また時節の変化，売るものの変化とともに商業施設のあり方は変化していくものであり，常に新鮮さを保つようにフレキシビリティのあるデザインが必要となる。

　以下，実例に沿って，商業空間のデザインについて解説する。

● ……… ブラッスリーレカン（飲食店舗）のデザイン

　JR上野駅の再開発の一環として構内に商業施設を開設するにあたり，かつて昭和天皇が上野駅での列車待合に使っていた貴賓室（1932年築）を新たにブラッスリー（カジュアルフレンチレストラン）として再生したプロジェクトである。

【デザインの実例──プランニング，ファサード】

❶プランニング（平面計画）

　①エントランス計画

　かつての貴賓室としてのエントランスは駅広場に面していたが，構内からのアプローチを優先させるためにその位置が変更されている。

　ただし，将来駅広場が開発整備されアプローチしやすくなる場合を考え，逆転できるようにも計画されている。

　②ゾーニング

　かつての空間の特徴を利用して3つのエリアに分けて，よりカジュアルな手前から奥に進むほどフォーマルになるように計画されている。

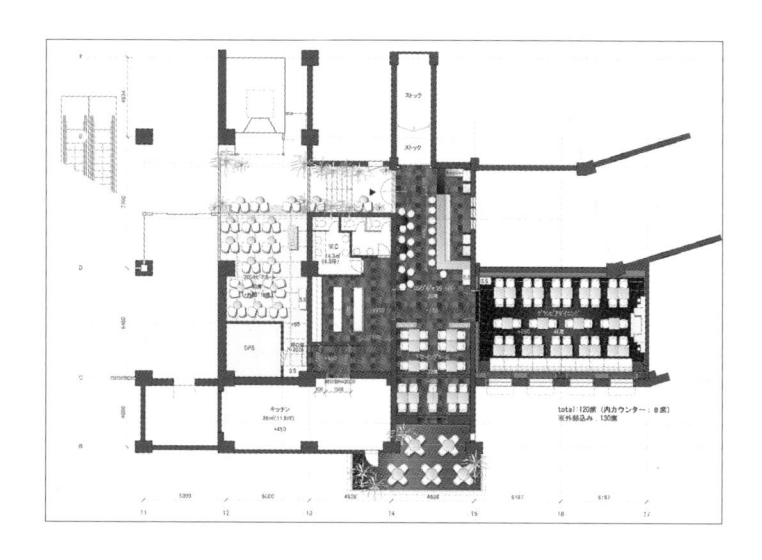

❷ファサード計画

　エントランスの位置を変えたことにより不利になった点を，商環境の部分まで利用して外へのアピールを行い，フランスの街角のイメージを出すように路地装飾が施された。

【デザインの実例──ディテール】

❶ディテールⅠ：かつてのデザイン──貴賓室を生かす

　暖炉，ステンドグラス，シャンデリアなど，かつて（建築当時）のディテールのうち状態の良いものは積極的に利用し，昭和初期の面影を残し，フレンチレストランとしてのしつらえと融合させた。

❷ディテールⅡ：フレンチカジュアルレストラン──ブラッスリーとしてのデザイン

　形式にこだわらずに料理を楽しむために，形，色，素材など，古いディテールと融合させ，貴賓室としての重厚な雰囲気をカジュアルなイメージに塗り替えた。

　デザインを人に伝え確認するために，その時々でデザインのプレゼンテーションを行う。プレゼンテーションの手法としては，その目的により以下のような方法が用いられる。

【デザインの実例——プレゼンテーション（デザインを人に伝える方法）】

❶スケッチ（ブラッスリーレカン）

　すばやく見え方を伝えることができる。
　スタディをしながらデザインの確認ができる。

❷マテリアル・サンプルボード（ブラッスリーレカン）

　色，質感を伝えることができる。
　カラーコーディネートに加えて手触りなどの質感も確認できる。

❸模型（銀座ナイン）

　複雑な空間をより正確に伝えることができる。
　立体的に確認が必要な場合に用いるが，模型で表現できないものは実際にもできない。

❹CGパース（ブラッスリーレカン）

　実際に近い見え方で正確に伝えることができる。
　最終的なデザインの確認ができる。

スケッチ

マテリアル・サンプルボード

模型

CGパース

店舗の新築とリニューアル

第3章　実例でみるインテリアの設計

● ……… 銀座ナイン（商環境）のリニューアルデザイン

　昭和30年代にスタートした日本で最も古い高速道路下のアーケード型商業施設で，汐留地区から銀座に向かう道路によって1，2，3号館の3つのブロックで構成されている。
　時代とともに変化する必要性があり，店舗構成とともに内・外部の商環境も変化し続けている。

【デザインの実例──商環境リニューアル】（第1期：2000年）

　外部環境：銀座の街並みをより意識したファサード計画を行った。
　内部環境：店舗構成の変化により，店舗の移動整理を行い，大型店舗を入居させた。各店舗のデザインの更新だけでなく，動線を整理し，階段，エスカレーターなどの建築・設備の更新も同時に行った。

【デザインの実例──商環境リニューアル】（第2期：2002年）

　内部環境：人の流れに対する見せ方を意識し，人の流れに沿ったファサードを計画するとともに，ミーティングポイントとして人を立ち止まらせる仕掛けづくりも同時に行った。

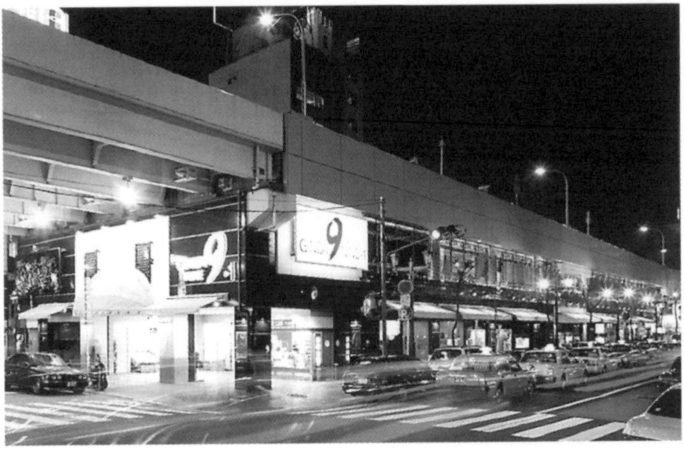

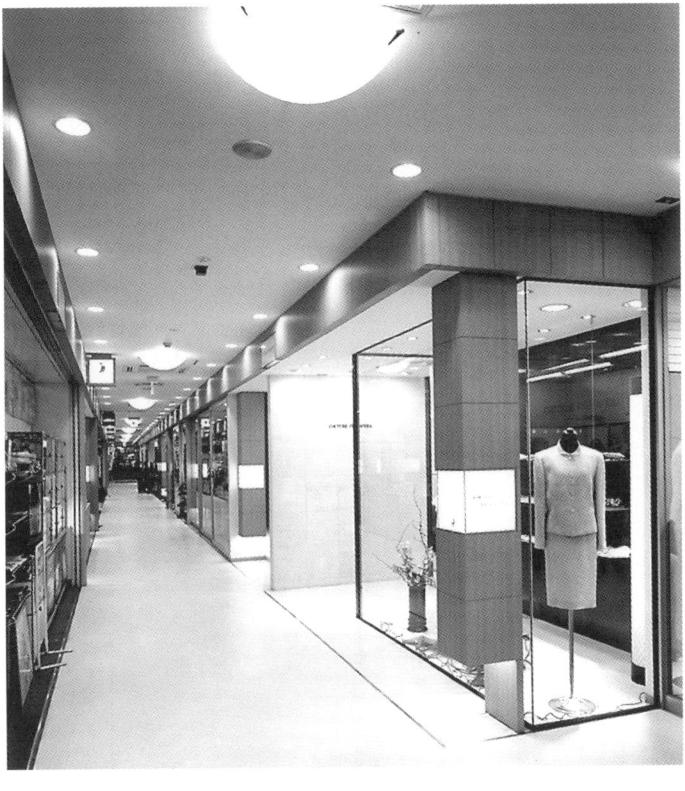

【デザインの実例──商環境リニューアル】（第3期：2004年）

　内部環境：第1期は古き良き銀座の街並みを意識し，周りの環境にさらに馴染むデザインとした。第2期は汐留の新しい地区の誕生を目前にして，歩行者からの見え方，人の流れをより意識したデザインとした。第3期はその新しい地区の誕生の後，人の流れの意識に加え，高層ビルからの見え方や遠景からの見え方を，より意識した計画を立案している。

　また，今後の店舗構成の変化によって新たに内部環境を整理する必要も感じられる。

商業施設は日々動き，常に変化し，世の中と共に進化している。

これまでに実例と共に見てきたように，商業空間デザインはその場の状況をよく理解して，その時々に，より良い状態でその施設をオープンさせることが重要であるが，さらに将来の変化への対応も常に考慮していなければならない。

そういう意味では，商業施設プロジェクトでは，施設のオープン時が商業空間デザインの新たな始まりであるとも言える。

新しさを追うことだけが最良とは言えないが，常に世の中の変化に目を向けて，即座にそれに対応できる柔軟性を持ち合わせることが重要である。

3—2
住宅の新築とリニューアル
Chapter 3

◉……… 住宅のインテリア設計

　インテリア・デザイナーが住宅の設計において担う役割は，年々増してきている。住宅は，本来人が生活をするうえでベースとなる場であり，個々のライフスタイルを生かした質の高い住空間を提供することは，社会のニーズとなっている。

　デザイナーとしてクライアントの生活習慣，家族構成，趣味や嗜好，調理スタイルや衣類・書籍の収納量あるいは家電やOA環境に至るまで，ヒヤリングや現場調査を通じて把握しておかなければ，機能を満足する住宅をつくることはできない。また家族は，時間が経てば子供が独立したり，親の介護が必要になったりと部屋の構成も将来を見据えたフレキシブルな対応が要求される。設計条件には，建設コストを知っておくことも重要な要素となる。決められた予算のなかでいかにコストバランスを考え，コストパフォーマンスを発揮できるかは，デザイナーの腕のみせどころであろう。

　基本的な条件を整理したうえでプランニングの作業に入るわけであるが，部屋の構成，部屋間のつながりを考えたゾーニングの検証をまずしておくことが大切である。ゾーニングの良し悪しで生活のスタイルもまったく変わってくる。生活動線を考慮すること，家族のコミュニケーションとプライバシーをどうとらえるかがポイントとなる。

　部屋の大きさや形状を決めるにあたり生活スタイルに適した家具や収納配置をプランにおとし全体のバランスを考えて調整していく。間仕切壁をソリッドな壁にするのか，ガラスパーティションにして光を採り入れるか，あるいはスライディングウォールや引き戸などによって変化をもたらすのかは，生活のシーンを思い描きクライアントといっしょになって決めていく作業になる。

　住宅は，住み手が最も長く過ごす場である。マテリアルやカラースキーム，システムキッチン，バスルーム，洗面トイレなどの水場，LDやベッドルームの家具や照明計画，部屋の光をコントロールするカーテンな

どのウインドー・トリートメント，OA環境や空調設備，生活を演出するアートワーク，食器，備品類にいたるまですべての要素は，快適に日常生活を営むための重要なアイテムばかりである。トータルにコーディネートしてはじめて住み手にとって満足でき，住み心地の良い住宅をつくることができる。

ここでは，企画型のマンションで最近スポットのあたっている設計変更対応マンションの設計プロセスとデザイナーズマンションの実例について述べる。

●……新築マンションの設計変更対応

住宅は，戸建住宅と集合住宅とに大きく分類される。戸建集宅は，一般に建築家が設計して建てられるものと，ハウスメーカーが主体となり企画したオプション対応のリーズナブルな規格型住宅が主流である。一方，集合住宅はタウンハウス，マンション，コーポラティブハウスなどさまざまな形態で世の中にでている。最近増えているのは，顧客志向に応えた付加価値の高い企画型のマンションである。

インテリア・デザイナーも参画し，より顧客の個別の要望に応えるために，決められたルールの範囲のなかでプランやカラースキームを建設前に決めて販売する設計変更対応のマンション物件が注目されている。近い将来，建築本体の枠組みを建築家が計画し，インテリア・デザイナーが住居のプランニングや設備，カラースキームなどを購入者の意向にそって決めていく，スケルトンとインフィル分離のプログラム「SI」住居が当たり前になってくるだろう。

ヨーロッパの石造の集合住宅は，スケルトンである建築の外観を何世代も受け継いで保存しながら，住み手はその時代の生活に適したインテリアをリニューアルによって実現している。スケルトンの寿命が増せばインテリアだけを更新するSIは，省エネ時代の新しい可能性を提案するものとなる。

◉……… 設計変更対応のしくみ

　設計変更対応を実施するには，建築本体がプランの自由度を可能にするための構造を備えていることが必要であり，そのための主な条件は以下の通りである。

○上下階の遮音を確保する浮床構造，遮音天井
○プランニングを妨げない住居外の設備シャフトの配置
○空調ダクトや設備配管をフレキシブルにする二重床，二重天井
○間仕切り壁の自由度をあげる梁のないフラットスラブ

　集合住宅である以上，プランを変更しても上下階や隣戸の住環境を害しないスケルトンの性能をもって，はじめて設計変更対応は可能になる。
　また，どこまで自由度をもたせたプログラムにするのかをあらかじめ事業者（ディベロッパー），建築家，施工者との間でルール決めをして，その範囲内でプランニングすることが肝要である。
　実例として，ここでは銀座に建設中の超高層マンション銀座タワーのS邸についての設計変更対応の設計プロセスを解説する。本プロジェクトの設計変更ルールは，玄関ドア，外部サッシの共用部の形状や位置の変更を不可とし，水場ゾーンのエリアを限定して隣戸に対して音に関する影響をおさえている。

◉……… プランの作成

　クライアントのS氏の家族構成は中学生のお嬢さん，イギリスに留学中の息子さんふたりの3人の子供さんをもつ4人家族である。S氏から超高層マンションの眺望を最大限に楽しめる生活を送りたいとの依頼を受け，内装設計とFFE（家具・備品）選定を求められた。自宅を訪ね要望事項の確認や，収納量を調べた上でプランニングを開始した。
　プランを進めるにあたり，ライフスタイル，動線，眺望の関係，収納量，設備，必要な家具等を確認しながら部屋の配置や大きさを決めていく。ここでは，提案の過程で提出したスタディプランA・Bを示す。A案のリビングは，レインボーブリッジも望める東南角に設けられ，ギャ

ラリー的な曲面壁の玄関ホールと一体になっている。外光は玄関ホールにまで届き，白を基調としたカラースキームが空間の広さを強調している。一方のB案は，寝室からの眺望をパノラマの夜景が望めるようにしている。ビューバス（窓面に接したバスルーム）を設けてリラックスできる水場の提案とした。検討の結果，A案の方向で計画を進めることになった。このように，ゾーニングの考え方によって計画はまったく変わってくる。何を優先に考えているのか，クライアントとコミュニケーションを充分に積み重ねていくことが重要である。

A案

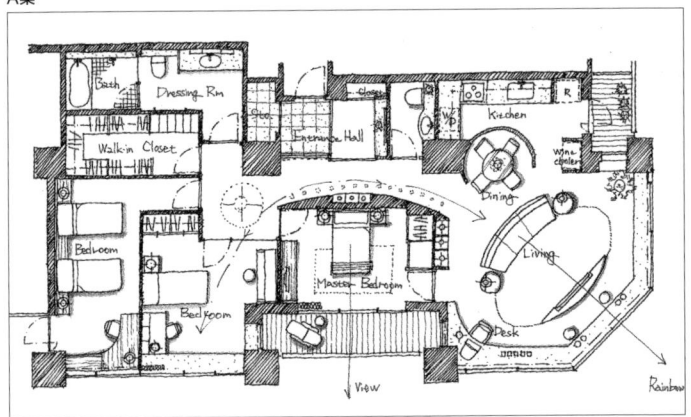

B案

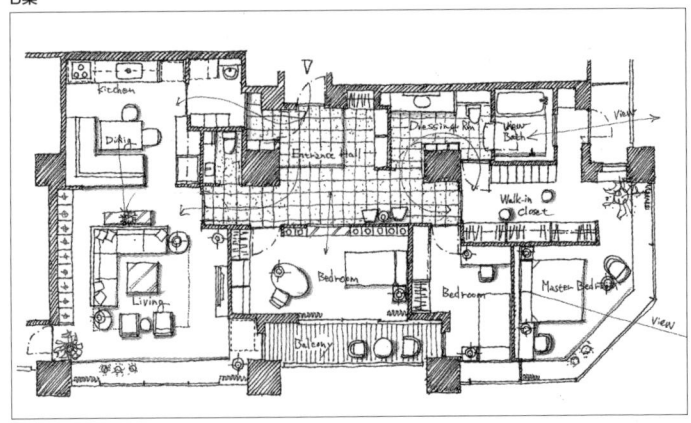

●……キッチン・水廻りの計画

キッチンについては，調理作業のしやすさ，食器や食材の合理的な収納，ダイニングスペースとの関係，調理器具のビルトイン，インテリアにマッチしたカラースキームなど，住み手にとってその考え方はさまざまである。システムキッチンを選定するにあたり，ショールームにクライアントと行くなど，現物で確認していくことが大切である。また集合住宅の場合，水廻りの場所を決めるにあたり考慮しておく点は，上下階や隣戸に及ぼす音の問題である。充分なルールを設定した上で影響がないよう計画していくことが重要である。

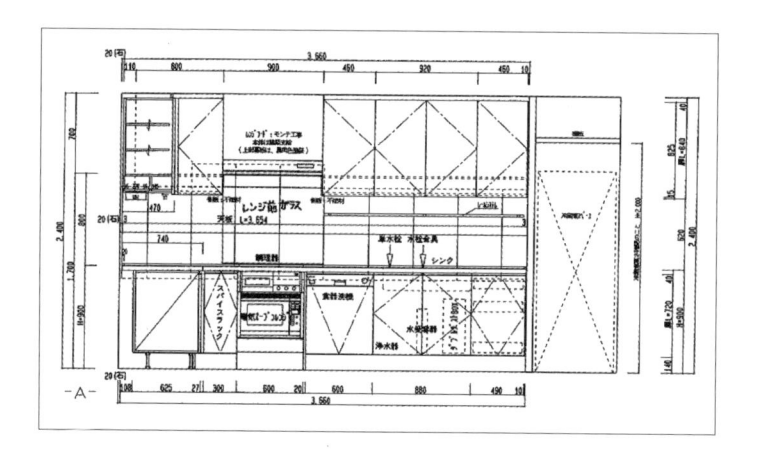

●……カラースキーム

住宅のカラースキームを選定する場合，オフィスや商業空間と異なるのは，ユーザーが不特定多数ではなく，住み手個人であることだ。住み手の意向を反映させ，生活のベースとして快適で，より人にやさしく，環境に配慮したものでなければならない。

また内装材と家具，カーテン，備品などのFFEアイテムが，トータルにカラーコーディネートされてはじめて調和をもった計画となる。

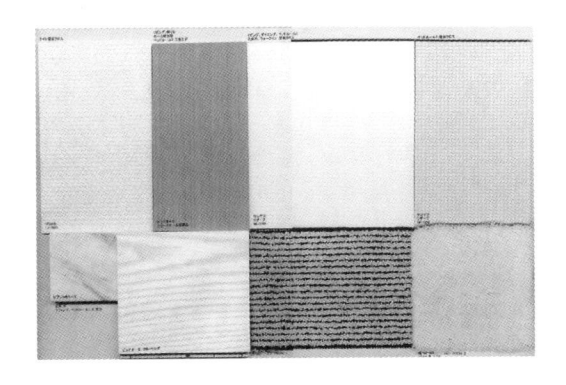

◉ FF & E（Furniture Fixture & Equipment）計画

住宅におけるFFE計画とは，リビングダイニング・ベッドルーム・水廻りなどの家具，カーテン，置き型照明，家電製品，備品，アートワークなどの選定を指す。

　プランニングにあたって家具のアイテム，数量，配置を盛り込んだうえでなければ部屋の設えは決まらないし，カーテンや照明は空間の演出のためになくてはならないものである。住宅の設計には，家具や備品の計画をインテリアと一体のものとして捉え，時には平面計画や設備計画に立ち戻り，調整していくことが必要である。

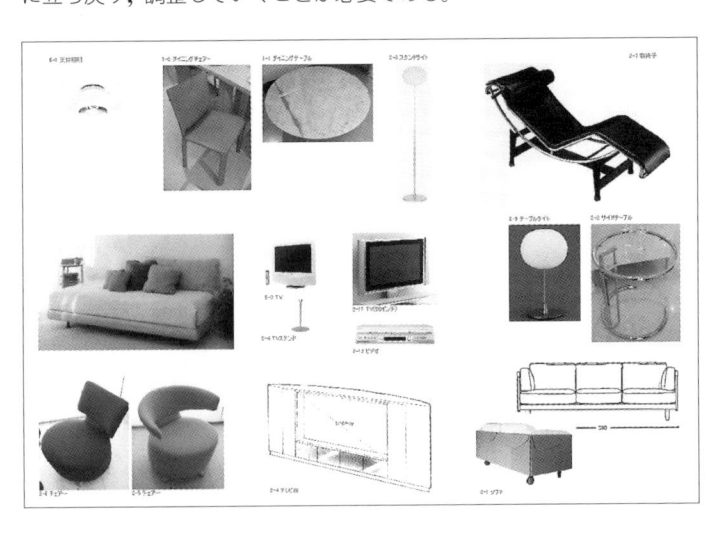

●……… 実施設計

　計画内容を施工会社に正確に伝えるための設計図書が実施設計図である。住宅の場合，その物件の規模によって異なるが1／50のスケールで平面図や天井伏図，展開図等の設計図書をまとめることが多い。また，建具やシステム収納，造作家具等の納まりについては，なるべく大きなスケールで検討して，その機能性や意匠を実施設計段階でつめていくことが必要である。検討のプロセスとしてS邸の平面詳細図には，天井に設けられる照明や防災設備，空調機器のレイアウトも盛り込まれている。こうすることによって，平面レイアウトに照らした設備設計を比較的容易にすることができる。

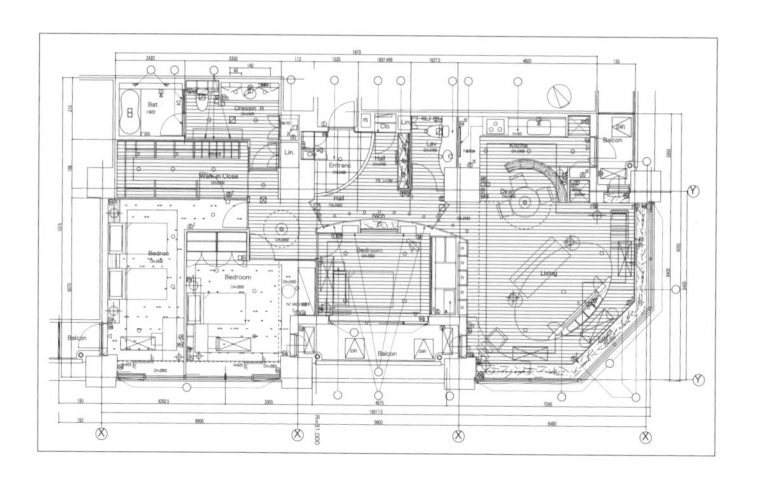

●……… 設計監理

　実施設計が完了したら，設計図書に基づいて設計によって設定された性能を満足して施工されるように施工図をチェックし，材料の検査や工事工程の監理を実施していく。
　クライアントに同行いただき，設計内容を現地で確認すること，そして問題点があれば早めに解決していくことも設計監理の重要な点である。

◉ デザイナーズプラン

　最近のマンションの規格には，建築家やインテリア・デザイナーが，独自の視点に立って住まい方の提案をしているデザイナーズプランがある。ここでは，横浜山下町に建設中の超高層マンション，横濱ディアタワーのデザイナーズプランについて紹介する。

　目の前に広がる港横浜の眺望との一体化を念頭においた生活スタイルの提案で，緩やかで開放的な暮らしのシーンを想定し，設計コンセプトは，LIVING IN THE CABIN。本物の素材の温もりと柔らかな雰囲気を演出する灯り，風がぬけるオープンなプランニング。時代に左右されない，本物だけがもつ品質にこだわっている。

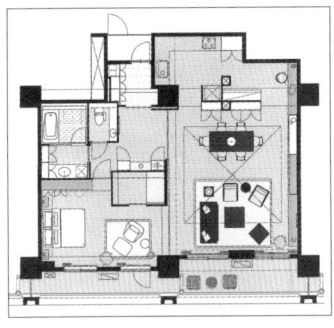

●……… モデルルーム・デザイン

　住宅を購入することは，購入者にとって一大イベントである。自分の価値観に照らして満足できるものか，予算範囲内か，将来設計に合致しているかなど，確認すべきことは多々ある。マンションの場合も，図面やパースだけでは判断しにくいため，インテリア空間を体験して納得したうえで住宅を購入できるように，モデルルームを制作している。モデルルームは，生活のシーンを具体的に提案すると共に，物件をより魅力的に見せる役割も果たしている。

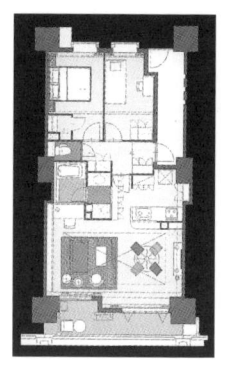

横濱ディアタワー

住宅の新築とリニューアル

Tokyo Times Tower

第3章 実例でみるインテリアの設計

3-3
オフィスの新築とリニューアル
Chapter 3

● オフィス計画の現状

【オフィスの新しい潮流】

今, オフィスには新しい潮流がある。

ほとんどの人が使っているコンピュータとインターネット, そして携帯電話がその流れをつくっている。

ワーカーの就業時間の1/2～1/3はコンピュータに向かっており, 外出時携帯電話は必ずといってよいほど身につけている。近頃は携帯端末も普及してきているが, コンピュータ上での情報はこれ1台でほとんど確認でき, どこでも仕事が可能となってきている。

これらの現象は働く場所, すなわちワークプレイスが今までと異なり, 劇的に変化してきていることを象徴している。

こうした変化は, オフィスのあり方にも大きな影響を与えている。

それはオルタナティブ・オフィスという「いつも一定の場所だけがワークプレイスではなく, いろいろな場所がワークプレイスとなる」という考え方である。例えば, ホームオフィス, サテライトオフィスなどがそれである。

このような変化は, IT（情報技術）の発達によりコミュニケーション手段が変化したためと考えられる。これからは, ますます「オルタナティブオフィス」の考え方が浸透していくことだろう。

しかし, このように新しい潮流はあるが, オフィスづくりの基本的な考え方は変わっていない。むしろ基本的な考え方のうえに立ち, さらに変化を十分認識し, 対策を考慮したオフィス作りをすることが重要である。

以下に, 実際のオフィス計画をするうえでの基本的な考え方を説明する。

【オフィス計画における基本事項】

オフィス計画の基本事項として，以下のことを考慮しなければならない。

❶入居する企業の要求事項を満足している

①企業の持っている予算内でオフィス計画が出来上がっている
②コーポレートデザインとして企業理念が十分表現されている
③必要なスペースが確保されている
④必要な諸室が確保されている
⑤仕事がしやすい部署配置になっている
⑥各部署とも仕事がしやすい机の配置になっている
⑦執務机が仕事のしやすい形状・機能となっている
⑧執務椅子が仕事のしやすい形状・機能となっている
⑨社員全員が使用する全社共通スペースが使いやすくなっている

❷オフィスの物理的環境が整備されている

①十分な明るさが確保されている（室内照明）
②室内温度，湿度が快適な状態となっている（室内空調）
③騒音等を感じない状態となっている（吸音，遮音）
④たばこ等の臭いを感じない状態となっている（室内換気）

　上記❶，❷共に重要であるが，❶は特に企業特性を踏まえたソフトな領域であり，❷は建物自体の設備等ハードな領域と言える。ハードな領域に関して，企業が新築ビルに入居する場合は，一般的にビル本体設計者が担当することになり，既存ビルに入居する場合はビル本体の機能を理解したうえで，テナントとして入居する企業側の設計者が担当することとなる。仮にインテリアデザイナーが担当する場合でも，これらハードな領域を疎かにはできない。これからはインテリアデザイナー自身も単に意匠だけではなく，設備的なハードな領域を十分理解して設計していく必要がある。

【 オフィス計画における作業項目 】

　基本的な事項を実行（履行）するための大まかな作業項目を時系列に沿って列記する。

❶現状把握
　①現状調査
　②インタビュー調査
　③調査の分析と要望項目のまとめ

❷予算の計画

❸設計
　①オフィス設計の方針の決定
　②要望項目を考慮に入れたゾーニング
　③部署及び諸室のレイアウト
　④オフィスの意匠設計
　⑤家具・備品等の計画

❹実行段階（施工，調達）へ移行するための見積と検討

❺実行段階での監理

❻施主への引渡し

　これらの作業項目中，オフィス計画を行ううえで特に大切なのは，❶と❸−①である。この部分をきちんと捉えておかなければ，最終的に出来上がったオフィスが施主の意向に合わず，満足のいかないものになってしまうことがある。オフィス計画のインテリア・デザインは意匠設計だけではなく，企業特性を十分に踏まえ，コストを把握した上で計画に反映させていくことが重要である。

● ┈┈┈┈オフィス・リニューアルの実例

【実例から知るオフィス・リニューアルのデザイン・プレゼンテーション】

　オフィスが単に仕事をする作業空間としてその機能や効率性が優先されていた時代から，現在オフィスに求められる要求は多種多様化してきている。そんなオフィスへのニーズに対して，空間を供給する側も柔軟な選択肢を提供するようになってきた。そこで，主に意匠の部分に対し，デザインする側がクライアントの求めるものを導きだすために，どのような手法でより効果的なプレゼンテーションおよびデザインスタディを行っているかを，あるプロジェクトのデザイン作業の過程およびその完成例に基づき解説する。

　このプロジェクトはオフィス・リニューアルとしては極めて特殊かつ多様なニーズが集約された代表例と言える。イベントホールを主とした施設を，オフィス空間として再生させるというものである。

　オフィスに併設されるスタジオが天井の高い巨大空間を必要としていたことが，このイベントホールの再利用を決定的にしたが，それ以外の要素は，オフィスの快適性という視点からは，決して歓迎される条件ではなかった。7年以上も未使用であったため，全てにおいて老朽化が激しく，既存の照明・空調・衛生設備などを使用するには十分な調査を必要とし，既存施設の中でもそのまま残してデザインに影響のないもの，そのまま再使用しても支障のない設備機械など，将来のあるべき姿を見据えたうえで，必要なものとそうでないものとを区分けすることが計画の第一歩となった。

【CGによるデザインスタディ❶】

　本来オフィス執務空間において採光は必須であるが，ここは体育館のように大空間ではあっても窓がなく，この「窓がない」という大きな問題を，デザインによっていかに快適なオフィス空間へと導けるかが，この大空間リニューアルの最も大きなテーマであった（※1）。

※1

　提案は，コンピュータグラフィックス（CG）によるプレゼンテーション（※4）を中心に行った。壁面の一部を取り除いた様子や，間接照明効果の試行錯誤，家具の種類とそのレイアウトシミュレーションによるオフィス全体の見え方など，CG パースによるデザインスタディは，あらゆる角度からの検証を可能とし，その結果，デザイナーとクライアントの双方において設計段階からのイメージの共有が容易になり，竣工後（※2,3）の違和感もなく，クライアントの満足へとつなげられた。

※2　　　　　　　　　　　※3

※4

【CGによるデザインスタディ❷】

　これからのオフィスは，企業自らのアイデンティティを表現するメディアとして，そのデザインには主張が感じられるものでなくてはならない。古く重苦しい石張りの雰囲気であったレセプションルームのデザイン(※5)から，企業メッセージを発信するオフィスの顔へと，ショーディスプレイのようなプレゼンテーション空間を意識した，よりオープンで刺激的なデザインへリニューアルする様子を，CGが限りなく現実に近いイメージ画像として視覚化し(※6)，リニューアル後は，来訪者を惹きつける空間となった(※7)。

※5

※6

※7

オフィスの新築とリニューアル

【サイン計画】

　インテリアデザイン業務においてサイン計画の位置付けはとても重要である。特に企業ロゴマークなどは，その取り扱いにブランディングによる制約も介在するので，クライアントとの調整は慎重を要する。ここで紹介する例も極めて特殊で，既存建物の外壁部分にロゴマークの設置を試みたものである。

　以前の外部看板が存在していた外壁部分は，撤去した後の穴のダメージも目立っており（※8），それらを隠す意味もあってより大掛かりな仕

掛けを模索した。

　そこで，外壁全体を発光させそのうえにロゴマークを掲げる提案をした。既存写真の上にCGで作成された画像を合成すれば，ほとんど現実と遜色ないイメージが出来上がる(※9)。このアイデアの唯一の問題点である照明のランプ交換については，光ファイバーチューブを採用することによって，建物内部からのメンテナンスを可能としている(※10,11)。

※8

※9

※10

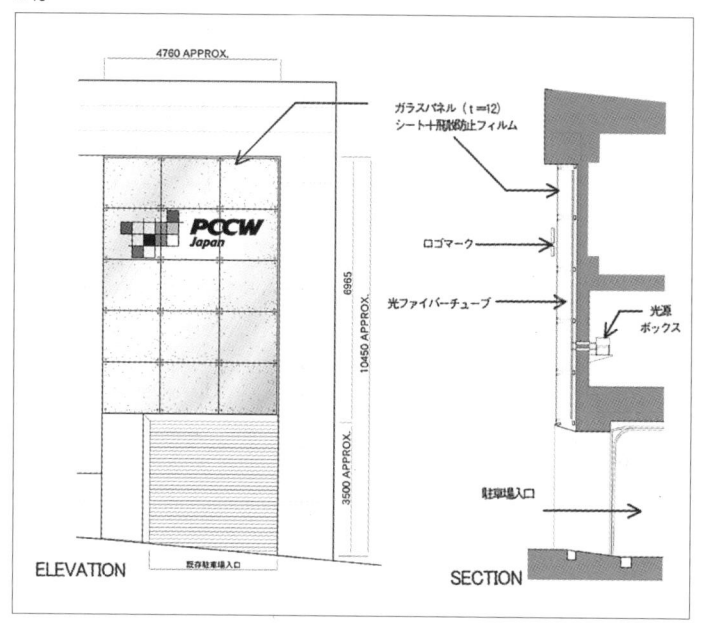

4760 APPROX.

ガラスパネル (t=12)
シート＋飛散防止フィルム

ロゴマーク

光ファイバーチューブ

光源ボックス

6965
10450 APPROX.
3500 APPROX.

既存駐車場入口

駐車場入口

ELEVATION

SECTION

オフィスの新築とリニューアル

※11

● ……………**オフィスに求められる新しいニーズ**

　IT産業の発展が，オフィスワーカーのカジュアルなファッションと共に，働く空間にも新しい空気を呼び込み，そのカジュアルな空気はオフィスワークスペースに色と遊びを求め，働くことと生活することの境界を曖昧にさせたと言える。今後，そんなオフィスワーカーの感性に自然に溶け込んでいくような，街角のカフェのような憩いの場所や，オフィスの要所に仕掛けられた心地良い色と形の空間演出など，デザインによってもたらされる新しいオフィスの要素が，そのかたちを変えながら次々に提案されていくことであろう。さらにリフレッシュメントエリアの充実と多種多様な家具の提案が，自由なスタイルでオフィスライフを楽しむことを可能とし，オフィスワーカーにコラボレーションと閃きを誘発させる環境を実現することとなる。

第4章
インテリアの販売

selling and distributing interiors

4−1 インテリア・ショップのマーケティングとマーチャンダイジング

Chapter 4

インテリアに関する職業に携わる人の中で最も多いのは家具，カーテン，カーペット，小物などの販売と，リフォーム工事の施工を行うインテリア・ショップや工事店での専門販売員である。近年では，インテリア・コーディネーターやキッチン・スペシャリスト，カラー・コーディネーターなどの有資格者も多く，これら専門販売員の活躍がショップや工事店の盛衰を左右すると言っても過言ではない。

インテリア・ショップでの専門販売員は，顧客の立場に立った良きアドバイザーであり，顧客に満足感を与えるとともに，ライバルである同業他店との差別化競争に勝つことが要求されている。そのためには，販売の基本であるマーケティングの知識と，それに基づいた行動および目的達成のためのマーチャンダイジングの活動が，重要かつ必須の課題となっている。

● マーケティング・コンセプト

企業活動の基本理念は，消費者のニーズを満足させ，結果として企業の安定と成長を図ることであり，その活動の手段や結果において，環境を破壊するようなことがあってはならない。環境保全を前提とした顧客志向が今日的課題であると言ってよいだろう。

● マーケティング活動

消費者のニーズに対応した商品やサービスの生産から販売までを円滑に流通させるための活動を言う。他の競争企業との差別化を考慮しながら，市場の需要・供給の情報収集や分析を行う「マーケティング・リサーチ」，効果的な取引方法を考える「流通政策」，宣伝・広告を中心として訴求する「販売促進」や，ディーラーや消費者に対するアローアンス（現金報酬）やプレミアム（景品付販売）などの「セールス・プロモーション」など，その活動は広範囲である。

● ……… マーチャンダイジング

　インテリア・ショップで言うマーチャンダイジング(商品化計画)とは,商品の選択・仕入れから展示・装飾,販売までの一連の計画を言う。商品の品揃えの重要性は言うまでもないが,それらを展示する際の区分(ゾーニング)はさらに重要なテーマである。従来は商品をその用途別や特性別に区分するアイテム分類や,品格や価格別のグレード分類による区分が一般的であった。家具だけでまとめた家具売場,カーテンやカーペットでまとめたカーテン・カーペット売場,特定のブランドメーカーだけでまとめた〇〇コーナー,特価品だけでまとめたバーゲンコーナーなどがその例である。

　近年では,生活様式別にまとめたライフスタイル分類や,感覚や意識によるマインド分類,感性や嗜好によるテイスト分類などによる区分が多くなっている。ライフスタイル分類では,新婚生活,リゾート生活などのシーン展開,マインド分類では,ヤング感覚・シニア感覚などでの展開,テイスト分類ではイタリアンモダンのものだけ,ロココクラシックのものだけ,ある年代のレプリカを集めたレトロものだけ,最新流行のアドバンス感覚のものだけ,などとする区分がその例である。

　また,これらの展示・装飾においては,企業イメージ戦略の一環として,全体を視覚的に統一し,訴求力を高めるビジュアル・プレゼンテーションの技法を導入することが,多くなっている。

海外デザイナーズブランドでまとめた売場

4―2 インテリアのコンサルティング

Chapter 4

　インテリアの販売のコンサルティングには，一般の消費者である顧客に対する「助言・提案」を行うものと，依頼先の企業にさまざまな「指導・援助」を行う場合とがある。

　一般の顧客に対する「助言・提案」とは，①顧客の立場にたって，②適切な情報を提供し，③商品選択やインテリアの総合的構成についての助言と提案を行うことを言い，その具体的実現のための売買や工事請負の営業行為が伴うことを前提にしている点で，一般に言うコンサルタントの業務とは異なることを，認識しておかなければならない。

　企業に対する「指導・援助」とは，依頼先企業の経営相談，店舗計画・同リニューアル提案，情報提供，専門家の派遣など，いわゆるディーラーサポート・プロモーションと呼ばれるものであるが，詳しくは別の機会に述べる。

　一般の顧客に対するコンサルティングでは，顧客の信頼に対して「満足感」を与えることが，その重要な課題であり，その成果は，住生活の質的向上と市場拡大に貢献することになる。そのためには，消費者の行動の基本となる「購買心理の過程から意思決定までの心理的プロセス」をよく理解しておくことが必要である。

コンサルティング業務のカウンターの例

◉ …………**意思決定と購買行動**

消費者の購買意思のプロセスについては、「認知（なんだろう）」、「探索（よくみて）」、「評価（どこがよいか）」、「決定（これにしよう）」、「行動（買う手続きをする）」の5段階への過程をいうP.コトラーの説がよく知られている。

■意思決定と購買行動

> **コトラーの意思決定プロセス**
>
> 消費者の購買決定とその結果に至るP.コトラーの5段階プロセス。一般に認知から探索，評価，決定の段階を経るが，今後の購買行動に大きな影響を与える購買事後の行動を最終プロセスとしている点に大きな特徴がある。
>
> 認知 → 探索 → 評価 → 決定 → 行動

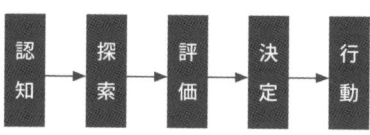

購買行動のプロセスでは，エルデ・ルイスが提唱したアイダ（AIDA）モデルやローランド・ホールのアイドマ（AIDMA）モデル，アイドマモデルに新しいプロセスを付けたアイダス（AIDAS）モデルなどがあり，セールスだけでなく，広告やディスプレーにおいて，各段階ごとに訴求力のある動機付けが重要なテーマとなっている。

■アイダ（AIDA）モデル

> **アイダ [AIDA] モデル**
>
> 1898年米国のエルデ・ルイスにより提唱された購買行動の心理的プロセスに関する理論。商品に注目し，興味をもって，欲しくなり，行動（購入）するというステップを経るという理論であり，AIDAはその英字の頭文字をとったものである。
>
> 注目（attention）→ 興味（interest）→ 欲求（desire）→ 行動（action）

■アイドマ（AIDMA）モデル

アイドマ［AIDMA］モデル

　米国のローランド・ホールが提唱した購買行動のプロセスに関するモデル。前述のアイダモデルの欲求（desire）と行動（action）の間に記憶（memory）を入れたもので，同モデルは広告の業界でも適用されている。

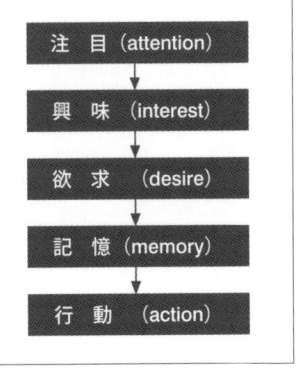

注　目（attention）
↓
興　味（interest）
↓
欲　求（desire）
↓
記　憶（memory）
↓
行　動（action）

■アイダス（AIDAS）モデル

アイダス［AIDAS］モデル

　前述のアイダモデルの後に満足（satisfaction）というプロセスを付け加えたもので，消費者の購入後の満足感やアフターサービスなどに注目した点で，コンサルティングの観点から高く評価されている。

注　目（attention）
↓
興　味（interest）
↓
欲　求（desire）
↓
行　動（action）
↓
満　足（satisfaction）

第5章 インテリア関連資格

interior related qualifications

資格の職能と試験科目内容

Chapter 5

　ここではインテリアに関連する資格の代表的なものを紹介する。（試験の日時・場所・受験料・受験方法・試験免除など詳細については，各資格を認定する主催団体に直接問い合わせること。）

◉……………インテリア・コーディネーター

【インテリア・コーディネーターとは】
　消費者の住まいのインテリアに対する価値観の向上や，コーディネート志向に対し，助言と提案を行うことを業務とした資格名称で，同資格を認定する（社）インテリア産業協会ではその職能を，「インテリア・エレメントの流通過程において，消費者に対し，商品選択やインテリアの総合的構成などについて，適切な助言や提案を行う」と定義している。インテリア・コーディネーターの業務は，売買や工事請負を前提とした助言・提案の具体化を通じて，生活の質的向上と結果として市場拡大に貢献できるとして，業界全体でその活動が注目され，その有資格者は年々増加している。

【認定試験の受験資格・内容・範囲など】
●受験資格／年齢，職業，学歴，性別は問わない。

●試験内容・範囲／第1次試験は「インテリア商品の販売」および「インテリア計画と技術」，第2次試験は「論文試験」と「プレゼンテーション試験」，ただし2次試験は1次試験に合格していることが要件である。

　第1次試験の内容は，①インテリアに関する商品知識，販売知識，その他の知識　②インテリア情報の知識，積算・見積りに関する知識　③コンサルティングに関する基礎知識　④インテリアの構成材，住宅構造，室内環境，表現技法，関連法規，その他に関する基礎知識　⑤インテリ

ア 計画に関する基礎知識

　第2次試験の内容は，①居住環境　②コンサルティング　③顧客要望とインテリア計画，の3つに関し出題され，800字以上1000字以内・80分間の論文記述式。プレゼンテーションでは，①住宅リフォームなどの立案および提案　②高齢者の住まいに関する立案　③ライフスタイルの変化に対応する計画の提案，という実務提案がその課題範囲で，試験時間は120分間である。

●受験テキスト／「インテリア・コーディネーター・ハンドブック」販売編（改訂版）および技術編（新装版）
　　　　　　発行：(社)インテリア産業協会　発売：産能大学出版部

【認定・主催団体】
(社)インテリア産業協会
〒160-0022　東京都新宿区新宿3-15-5　クリハシビル8階
TEL：03-5379-8600　http://www.interior.or.jp/

◉……………インテリア・プランナー

【インテリア・プランナーとは】
　建築物のインテリアの設計などに携わる技術者を対象に，(財)建築技術教育普及センターが実施する，専門の知識や技術に関する試験に合格した人が得られる資格称号で，計画時の助言だけでなく，設計・工事監理面においても実践的な能力をもつ，専門家として認定されている。
　インテリア・プランナー資格試験制度は，国土交通大臣が認定する事業として，(財)建築技術教育普及センターが行っていたが，平成13年度からは，同センター独自の制度として実施されている。同資格者に対しては，各種の関連資格試験や高校教員資格認定試験などで，一部試験科目が免除される優遇措置もあり，一級建築士試験並みに注目されている。

【認定試験の受験資格・内容・範囲など】
- ●受験資格／第1次試験は,試験実施年度の4月1日現在で満22歳以上,第2次試験は,第1次試験に合格した者のみで,規定の学歴または資格,実務経験年数が必要である。

- ●試験内容・範囲／第1次試験(学科)の構成は,「建築一般」,「インテリア法規」,「インテリア装備」,「インテリア施工」,「インテリア計画」の科目から68の設問で多肢択一式である。

　第2次試験(設計製図)の構成は,「建築物における空間の使われ方,生活のイメージがわかるインテリア設計」を内容とし,「設計主旨」,「平面図」,「断面図」,「展開図」,「天井伏図」,「透視図」,「詳細図」,「仕上表」,「家具表」のうち指定する図書で,試験日の4週間以前に課題概要が通知されている。

【認定・主催団体】
(財)建築技術教育普及センター
〒104-0031　東京都中央区京橋2-14-1
TEL:03-5524-3105
http://www.jaeic.jp/

●……………マンションリフォームマネジャー

【マンションリフォームマネジャーとは】
　マンションの専有部分のリフォームに関し,ユーザーに対し助言・提案を行うとともに,工事の実施に際し,管理組合や施工業者との調整・指導・助言を行う専門家のことである。この資格称号は,平成4年度に(財)日本住宅リフォーム・紛争処理支援センターが定めた資格制度により認定されたものである。
　ユーザーと工事施工業者,管理組合との間で生じるトラブルを少なくするための専門家といえる同資格者は,住宅リフォーム企業を中心に建

築設計事務所や建築請負業者などのリフォーム関連部門において幅広く活動しており，今後の活躍がさらに期待されている。

【認定試験の受験資格・内容・範囲など】

●**受験資格**／試験実施年度の4月1日時点で，満20歳以上であること。

●**試験内容・範囲**／学科試験は，「建築一般」のうち〈マンションに関する計画〉と〈マンションに関する構造・材料・施工〉および「マンションリフォームに関する専門知識」のうち〈法規・規約・制度〉，〈マネジメント〉，〈住戸内各部のリフォーム〉，〈設備のリフォーム〉の多肢選択式である。

　実技試験（設計製図）は，「マンションの専有部分に係るリフォームの企画設計および設計製図」で，平面図や展開図などは出題内容に応じて要求される。

　なお，建築士やインテリア・プランナーの有資格者は，学科試験のうち「建築一般」が，前年度または前々年度に学科試験に合格している人は「学科試験」が，実技試験のみ合格している人は「実技試験」が免除される。

　マンションリフォームマネジャーの資格試験は，建築に関する実務経験がなくても，20歳以上であれば受験可能であり，合格後は規定の実務経験年数を満たしている場合，直ちに資格登録できることが特長である。ちなみに，実務経験なしでも，合格後3年以上であれば資格登録が可能である。

●**受験テキスト**／主催団体が発行している「マンションリフォーム実務者必携」，「建築技術の基礎知識」や「マンションリフォームマネジャー試験問題集」が便利である。

【認定・主催団体】

（財）日本住宅リフォーム・紛争処理支援センター
〒102-0092　東京都千代田区紀尾井町6-26-3　上智紀尾井坂ビル5階
TEL:03-3261-4567（マンションリフォームマネジャー係）
http://www.chord.or.jp　e-mail=araki@chord.or.jp

● ……………キッチン・スペシャリスト

【キッチン・スペシャリストとは】
　キッチン空間に設置される各種の設備機器類に関する専門知識とそれに関わる防災安全や建築構造との取り合い，関連する法律などの知識をもち，消費者の多様化するニーズに的確に対応する専門家として，(社)日本住宅設備システム協会が認定した資格称号である。同協会が毎年実施している資格認定試験は，昭和63年にスタートしている。資格取得後は住宅やインテリアの関連企業で，キッチンのプランニングを担当する専門家として活躍している人も多い。

【認定試験の受験資格・内容・範囲など】
●受験資格／学科試験に限り，年齢，実務経験を問わない。ただし，実技試験（設計製図）は，試験実施年度の4月1日現在で満23歳以上，または22歳以下の場合は実務経験3年以上であること。学科と実技を同時に受験する場合も同様である。なお，学科試験合格者は次の年から3年間の学科試験免除期間があり，それまでは実技試験のみの受験となる。

●試験内容・範囲／学科試験は，「住居と食生活」，「キッチンの空間」，「キッチンの機器」，「キッチン設計・施工」，「キッチン販売」などがある。実技試験は，設計製図を含む「企画提案」に関する筆記がある。

●受験テキスト／主催団体が発行している「キッチン・スペシャリスト・ハンドブック」がある。

【認定・主催団体】
(社) 日本住宅設備システム協会
〒104-0032　東京都中央区八丁堀1-3-2　佐藤ビル
TEL:03-5540-4433
http://www.jhesa.or.jp

◉……… 二級建築士

【二級建築士とは】

建築士法の規定に基づき、都道府県知事が実施する二級建築士試験に合格した者に与えられる免許称号で、インテリア関連の業務でも建築に関する実務経験として認められるケースも多いため、受験資格を得て試験にチャレンジする人も少なくない。

設計・工事監理ができる建築物の規模は建築士法で級別に定められている。設計事務所や建設会社などでインテリアを業務としている人はぜひ取っておきたい資格である。

【試験の内容・受験資格・実務経験】

● 試験内容／学科試験は①建築計画、②建築法規、③建築構造、④建築施工に関する専門的知識を問うもので、各学科90分の択一試問であり、設計製図試験は、必要とされる平面図や断面図、伏せ図など建築設計図面を4時間半で製図するもので、その課題は毎年6月末に、試験実施団体から発表・掲示されている。

● 受験資格／建築士法第15条により、建築に関する学歴や必要な実務経験年数が定められている。大学や短大、専門学校、高等学校等では0年～3年とその学校の認定の度合により、年数が異なり、認定校以外では建築に関する学歴がないものとして、7年以上の建築に関する実務経験が必要である。設計製図の受験資格は学科試験に合格していることが必要である。受験の申請には、卒業証明書や実務経験証明書、学科試験合格通知書などを提出しなければならない。

【試験実施・主催団体】

(財) 建築技術教育普及センター
〒104-0031　東京都中央区京橋2-14-1
TEL：03-5524-3105（本部）　TEL：03-5524-2176（関東支部）
http://www.jaeic.jp/
＊都道府県建築士会での問合せも可能。

◉……………商業施設士

【商業施設士とは】

百貨店から一般の店舗，レジャー施設から博物館や劇場，ショールーム，展示場などのあらゆる商業関連施設のデザインに関し，総合的に計画し監理する専門家をさす資格称号である。同資格の認定事業は昭和49年に，現在の(社)商業施設技術者・団体連合会により実施されている。商業施設士の業務は，商業施設の店づくりだけでなく，商店街全体から地域コミュニティまで拡がり，その具体化を担う注目される資格である。

【認定試験の受験資格・内容・範囲など】

- ●受験資格／1次試験では，受験年度の4月1日現在で満20歳以上で，他は問わない。2次試験では，1次試験に合格し，規定の実務経験年数または建築士やインテリア・コーディネーターの資格を有すること。

- ●試験内容・範囲／1次試験は，「商業施設構成計画」，「商業施設工事監理・施工」，「商業一般」，「建築一般」に関する多肢択一，マークシート方式。2次は実技試験（設計製図）で，「物品販売施設」，「飲食サービス施設」，「各種サービス施設」，「展示施設」，「複合商業施設」の中から指定するものを設計する。

- ●その他／1次試験では，一級，二級建築士およびインテリア・プランナー有資格者は，「建築一般」，インテリア・コーディネーター有資格者は，「商業一般」が科目免除となる。

- ●受験テキスト／主催団体が発行する「商業施設技術体系（3分冊セット）」や「商業施設士資格試験問題徹底研究」，「商業施設設計製図教本」がある。

【認定・主催団体】

(社) 商業施設技術者・団体連合会
〒108-0014　東京都港区芝5-26-20　建築会館内
TEL:03-3453-8103
http://www.jtocs.or.jp　e-mail=ssr@jtocs.or.jp

◉ 福祉住環境コーディネーター

【福祉住環境コーディネーターとは】

　高齢者や障害をもつ人が，安全かつ快適な生活ができる住環境を提案することを業務とする資格称号である。同資格者を認定する東京商工会議所では，「福祉・介護・医療・建築といった福祉全般に関わる総合的知識を有し，その活動において，適切かつ的確な人材で，実践的な能力を備えた専門家」と定義している。福祉住環境コーディネーターは，福祉・医療・建築の各分野で各種の専門家と連携を取りながら，クライアントに対し福祉施策，福祉・保険サービスに関する情報を提供し，福祉用具や介護用品の選択，バリアフリー住宅への住宅改修（リフォーム）などのプランを提示するのが業務である。福祉，ハウジング，インテリアの各業界での活躍が注目されている。

【検定試験の受験資格・内容・範囲など】

●受験資格／年齢・職業・性別・学歴を問わない。

●試験内容・範囲／東京商工会議所発行のテキストの基礎知識と，それを理解した上での応用力を問うもので，マークシート方式による選択問題形式である。

●その他　／3級は，福祉と住環境の関連分野の基礎的知識についての理解度をみるもので，100点満点中70点以上が合格となる。2級は，3級で得た福祉と住環境の知識をふまえ，より専門的な知識と実務に生かせる提案技能に関する能力をみるもので，合格点は3級と同じく70点以上である。

●受験テキスト／主催団体が発行する「福祉住環境コーディネーター検定」3級テキスト，2級テキスト（各改訂版）。時間をかけてしっかり勉強したい人向けに，主催団体ではオリジナルテキストを使った添削指導の通信教育講座を設けている。福祉住環境コーディネーター通信講座事務局（TEL：03-3370-2944　FAX：03-3370-2947）

【検定・主催団体】
東京商工会議所
〒100-0005 東京都千代田区丸の内3-2-2
TEL:03-3283-7733（検定センター）
e-mail=kentei@tokyo-cci.or.jp

●……色彩能力検定（文部科学省認定色彩検定）

【色彩能力検定とは】
　色彩調和や色彩効果について理論と実践を兼ね備えた色のスペシャリスト（色彩コーディネーターとも呼ぶ）を選定するための文部科学省認定の試験で，ファッション・コーディネート色彩能力検定ともいう。3級，2級，1級とあり，3級から環境の色彩の分野が含まれ，インテリア，ファッションをはじめ幅広い分野に対応している。

【認定試験の受験資格・内容・範囲など】
●受験資格／特に制限なし。

●試験内容・範囲／3級は，色彩に関する初歩的な事柄を理解しているかどうかを問うマークシート方式の試験。2級は，3級の内容に加え色彩の基本的な事柄を理解し技能をもっているかどうかを問うマークシートと一部記述式の試験。1級は，1次試験は2級と同じ方式，2次試験は実技を含む記述式の試験。

●受験テキスト／A・F・T監修の対策参考書（1級，2級，3級，過去問題集）が特約書店で販売されている。

【認定・主催団体】
（社）全国服飾教育者連合会（A・F・T）
〒100-0011 東京都千代田区内幸町1-1-1　帝国ホテルタワー7F
TEL:03-5510-3737

〒530-0003 大阪市北区堂島1-6-20　堂島アバンザ5F
TEL：06-6344-2785
http:/www.aft-jp.org

◉……カラー・コーディネーター

【カラー・コーディネーターとは】
　東京商工会議所が定めた，ファッションから建築・環境づくりまで，色彩の特性や調和理論を理解し色彩技能を活用できる人材で，その育成を目指して行われるのがカラー・コーディネーター検定試験である。

【認定試験の受験資格・内容・範囲など】
●受験資格／特に制限なし。

●試験内容・範囲／3級は，色彩の基礎知識とその応用力を問うマークシート方式の試験。2級は，色彩の専門的知識とその応用力についてのマークシート方式の試験。1級は，専門分野別にわかれ，第3分野の「環境色彩」が建築・環境の色彩となっていて，マークシート方式と論述問題の試験。

●受験テキスト／公式テキスト「カラーコーディネーションの基礎」(3級)，「カラーコーディネーション」(2級)，「カラーコーディネーションの実際」(1級)，環境色彩と参考書（カラーコーディネーター検定試験問題集2級，3級）が主要書店で販売されている。

【認定・主催団体】
東京商工会議所
〒100-0005 東京都千代田区丸の内3-2-2
TEL：03-3283-7677
http:/www.kentei.org/　e-mail　kentei@tokyo-cci.or.jp

◉……… 色彩士 (Color Master)

【色彩士とは】
　ADEC色彩士検定委員会で定めた検定試験に合格した人に与えられる称号である。さまざまな分野のデザイナー，アーティスト，カラー・コーディネーター，色彩計画担当者など，クリエイティブな業界や職業領域に必要な色彩能力の検定として知られている。

【認定試験の受験資格・内容・範囲など】
●受験資格／特に制限なし。

●試験内容・範囲／3級は，理論問題，演習問題，支給教材による実技問題。2級は，理論問題，支給教材による演習実技問題。1級は，第1次は理論問題，第2次は演習問題および実技問題。

●受験テキスト　／3・2級向け対応テキスト「Color Master」が検定委員会で直接販売されている。その他参考図書を推薦している。

【認定・主催団体】
ADEC色彩士検定委員会
〒102-0072 東京都千代田区飯田橋2-13-1
TEL：03-5215-5354
e-mail mtym@ce.mbn.or.jp

第6章 インテリア関連基礎用語

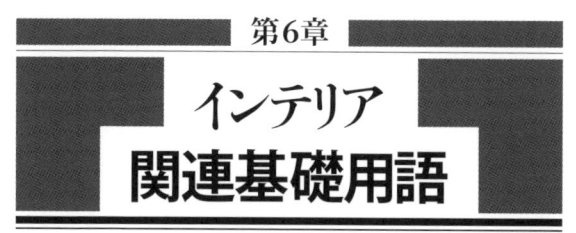

interior related primary terms

第1章

アンテナ・ショップ　P.003
メーカーが自社製品に対する消費者の直接的意見や消費動向を収集するために設立した小売店舗のことで、パイロット・ショップとも呼ばれている。

カテゴリー・キラー　P.004
ある特定の商品だけを豊富に品揃えし、低価格で販売する大型の専門店で、大都市近郊の幹線道路近くに広いスペースのパーキングを備えている〈ロードサイド・リテイラー〉やパワーセンターの〈キーテナント（核店舗）〉にその例が多い。特に、同店舗は従来型の百貨店や専門店の経営を圧迫することからこの名がつけられている。

OA（オフィス・オートメーション）P.007
企業、特に営業・事務部門に各種のコンピュータを導入し、業務の自動化・省力化を図ること。販売部門では、販売時点情報管理システムの〈POS〉、電子式自動受発注システムの〈EOS〉、流通企業間をオンライン化した通信網の〈流通VAN〉、情報通信網、総合デジタル通信網の〈ISDN〉、高速デジタル通信網の〈インターネット〉などがある。また、床全体をOA配線対応床〈OAフロア〉として、建物全体に情報受発信機能をもたせた〈インテリジェントビル〉も多くなってきた。

第2章

プレキャスト・コンクリート　P.013
あらかじめ工場で生産された躯体構造用鉄筋コンクリート部材で、一般のコンクリートパネルの他に軽量気泡コンクリートパネルもある。

和家具　P.019
西洋から輸入された椅子やベッドなどの洋家具に対し、日本の風土や床座生活から生まれ使われてきた日本独自の家具の総称。タンスや飾棚、座卓などがその例である。特に、金釘を使わない指物と呼ばれる加工や天然の漆を用いた拭き漆仕上げなどは洋家具にない特徴である。

合成樹脂　P.019
石油や石炭などから化学的につくられた樹脂（粘液）で、その成型・加工はさまざまでインテリア用品にも数多く使用されている。塩化ビニル樹脂の発泡クッション、壁紙、ビニルレザー、ポリプロピレン樹脂の椅子用材、丁番類、フェノール樹脂の化粧板用基材、耐水合板用の接着剤、メラミン樹脂の化粧板、ポリエステル樹脂の椅子のシェル材、塗料、ポリウレタン樹脂のクッション材や塗料、シェル材などがその例である。

建築化照明　P.020
建築物の天井・壁の躯体内に照明器具を内蔵させて器具を目立たせない

第6章　インテリア関連基礎用語

で建築と一体化させた照明を言う。特に，光源を天井に接した壁面に内蔵して天井面を照らす〈コーブ照明〉，回し縁やカーテンボックスに内蔵して壁面やカーテンを照らす〈コーニス照明〉，天井面全体に光源を配灯し，アクリルのルーバーでカバーした光天井の〈ルーバー天井照明〉などは近年の店舗やオフィスの照明方式として一般化されている。

光源　　　　　　　　　　P.021

照明の発光体としては，フィラメントの加熱による熱放射の〈白熱ランプ〉，蛍光物質の放電発光の〈蛍光ランプ〉，水銀やナトリウムなどの放電を用いた〈HIDランプ〉など，その種類は多様である。白熱ランプには反射型や拡散型，投光型，蛍光ランプには昼光型，白色型，電球色型，3波長型，高周波型などがあり，目的に応じた使い分けが重要である。

カラー・コーディネート　　P.022

ある目的に対応し，物の材質や光源，背景などを含めて色彩同士を効果的に組み合せることを言う。特に，建築やインテリアの空間において，目的や用途に対応し見る人が美しく快い感じを得られるよう計画することを〈カラー・プランニング（色彩計画）〉と言う。インテリアでは，天井・壁・床の広い部分を〈ベース・カラー（基調色）〉と言い，その支配的効果からその色調を〈ドミナント・カラー〉と呼んでいる。オフィスや工場においては能率性や安全性，店舗においては演色性，住宅においては休息性が，〈カラー・コーディネート〉の一般的かつ重要な課題である。

プレイスマット　　　　　　P.028

食卓や卓子用のテーブルリネンの中で，ひとり分の食器類をセットするために用いるマットで，同マットには，一般的なランチョンマットの他，ディナー用，ティー用なども用意されている。

ウインドー・トリートメント　P.028

窓廻りの装飾または同装飾用品のことで，具体的には，カーテン，ブラインド，スクリーン，シェード，すだれなどの用品で窓廻りを装飾することを言う。

ローマンシェード　　　　　P.029

布地を上下方向に昇降させて開閉するカーテンスタイルの総称で，左右方向に開閉するカーテンスタイルより形状のうえで装飾性が高く，スタイルのバリエーションも多い。本文シェードの項（p.027）のイラストを参考のこと。

環境共生　　　　　　　　　P.031

自然環境を破壊したり，生態のサイクルを狂わすことなく，自然環境を生かしながら共存して生活することを言う。

ワークトップ　　P.044

システムキッチンで調理台や配膳台となるカウンター（甲板）のこと。特に調理台、シンク、コンロ台の全体を一体化し、最小限の継ぎ目で制作するところが従来型と大きく異なる性質をもつところである。材質は、ステンレス、人造大理石、集成材、メラミン化粧板など多様である。

ユニバーサルデザイン　　P.045

高齢者や身障者だけでなく、健常者を含むすべての人が等しく使いやすく、快適に生活できるためのデザインを言う。1970年代、アメリカの建築家ロン・メイスが提唱したデザイン思想で、高齢者や身障者など特定の人のためのバリアフリー・デザインとは基本的に異なる。

長寿社会対応住宅指針　　P.045

平成7年に国土交通省住宅局が、高齢社会に対応した住宅の普及と促進を目的に都道府県に通知した住宅建設のマニュアル。主として建替えを含み新築される住宅を対象とし、住んでいる人が加齢による身体機能低下や障害が生じてもそのまま住める住宅を目指している。

建築基準法　　P.046

建築物の敷地、構造、設備および用途に関する最低限の基準を定めて、国民の生命、健康および財産の保護を図ることを目的に定められた法律。

防火材料　　P.046

建築基準法2条および令1条により定められた規定で、コンクリートやモルタル、漆喰、鉄鋼、石膏ボード（12ミリ以上のもの）、石綿スレート、アルミなど燃焼せず有害なガスを発生しない材料を〈不燃材料〉、木毛セメント板や石膏ボード（12ミリ未満のもの）などを〈準不燃材料〉、難燃合板や難燃繊維板など燃焼速度が遅く、初期の発煙量が少ない材料を〈難燃材料〉としてそれぞれ認定している。

内装制限　　P.046

建築基準法35条2に定められた規制で、出火防止と初期火災の拡大および有害な発煙の防止を図るため、特殊建築物や中規模以上の建築物、無窓の居室、調理室などの天井および壁は準不燃材や難燃材などの定められた防火性能をもつものを使用しなければならないとしている。特に、壁紙仕上げで不燃性能と認められるのは不燃下地に防火1級検定の壁紙または無機質壁紙を用いる場合だけである。

防炎規制　　P.046

消防法による規制で、同法で定めた高層建築物や地下街、百貨店やホテルなどの不特定多数の人が集まる防火対象（建築）物で使用するカーテンやカーペット、布製ブラインド、展示用合板、工事用シートなどは基準以上の防炎性能をもつ防炎物品でなければならないとするもので、同

品には法で定めた防炎マークを表示することが義務付けられている。

契約　　　　　　　　P.047

民法により契約は法規、公序良俗、信義則に反しない限り自由に締結できるとしている。その成立は当事者間の「申し込み」と「承諾」の意志表示の合致により成立するとし、契約書の有無はその要件としていない。また、その解除については当事者間の合意、取り決めによる約定やクーリング・オフ（無条件契約解除）の法定によるものがある。〈売買契約〉は、売手が財産権移転、買手が代金の支払の債務を負う契約で、〈請負契約〉は一方が仕事を完成させる約束に、他方がその結果に代金を支払う契約で、いずれの契約にも担保責任が伴うことに注意したい。

民法　　　　　　　　P.047

民法は社会生活上の一般的規範を定めた法律で、販売に関するものでは、契約や売買、請負、時効、所有権、留置権などの基本規定がある。

独占禁止法　　　　　　P.047

「私的独占の禁止および公正取引の確保に関する法律」の略称で、公正かつ自由な競争を促進し、消費者の利益を確保することを目的としている。同法の三大禁止行為である〈私的独占〉とは企業が他の企業を支配または差別的価格で競争企業を排除すること、〈不当取引制限〉とは同業者間で価格や生産数などを協定する、いわゆるカルテル行為のこと、〈不公正取引方法〉とは共同で取引ボイコットや不当廉売、過大景品付販売、再販価格を拘束するなどのいずれも公正かつ自由な競争を阻害するものをいう。

景品表示法　　　　　　P.047

過大な景品や不等な表示で、顧客を誘引することを防止し、事業者間の公正な販売競争を確保することを目的とした法律で、正式には「不当景品類および不当表示防止法」と言い、〈景表法〉と略称されることもある。

タペストリー　　　　　P.049

ジャカード織りで織った織物で、装飾用の壁掛けに多用されている。手織りで多色糸を使った模様織りを言う場合もある。

ホームリネン　　　　　P.052

住まいの中で用いる実用と装飾を兼ねた布地製品の総称。ベッドカバーや毛布などの寝装品のスリーピングリネン（ベッドリネンとも呼ぶ）、テーブルクロスやナプキン、ランチョンマットなどのテーブルリネン、バスマットやタオル、バスローブなどのバスリネン、便座カバーやトイレマットなどのトイレリネンなど多種多様である。これらホームリネンは実用性だけでなく、インテリア・アクセサリーとしての色柄や他とのコーディネート性が重視されている。

シンメトリー　P.056

構成要素が中央の軸や点を境に対称で，バランス（均衡）がとれている状態を言う。特に全体に秩序があり美的で快く感じられることをハーモニー（調和）と言う。

プロポーション　P.056

構成要素の全体と部分，部分と部分が数量的に比例の関係にあることを言う。黄金比（1：1.618）やルート長方形などがその例。一定の間隔で規則的に配列されたものがリズム（律動）である。

チッペンデール様式　P.058

18世紀中葉，英国のトーマス・チッペンデールによって創始された家具様式で，同様式はロココ様式を基本にネオ・ゴシックや中国風のシノワズリが加味されている。椅子は背板の透かし彫りのリボンバックや組格子がその意匠上の特徴である。

ネオ・クラシシズム　P.058

18世紀後半のフランス・ルイ16世統治時代に興隆した建築・装飾・家具の様式またはその背景にある思想を言う。ギリシャ・ローマの古典を基調とした厳格なイメージの直線構成が意匠上の特徴で，パリのパンテオン（1792年建立）はその代表的建築物である。

ヘップルホワイト様式　P.058

18世紀後半，英国のヘップルホワイトによって創始された家具様式で，新古典主義のアダム様式とフランスのロココ様式が折衷されている。特に楕円形や楯形のシールドバックが意匠上の特徴である。

ドイツ工作連盟　P.060

1907年，ヘルマン・ムテジウスがミュンヘンにおいて結成した組織で，"機械と芸術との統一により簡潔で合理的な形態を追求"した。"サッハリヒカイト"（即物性）デザイン思想として"バウハウス"に影響を与えた。

バウハウス　P.060

1919年，建築家ワルター・グロピウスがワイマールにおいて設立したドイツの建築・工芸・デザインの学校。"芸術と技術の新しい統一"を指導理念として，機能性と量産化の技術を追求し，近代モダンデザインの基礎を築き，今日までの世界のデザイン・教育界に大きな影響を与えている。

デ・スティル　P.060

1917年にオランダでテオ・ファン・ドゥースブルグや画家のモンドリアンらによって結成された新造形主義の抽象芸術論を理念とした芸術運動で，単純な形態と色彩を構成要素とした立体表現が特徴。代表的建築家にはシュレーダー邸や椅子（レッド

&ブルー）で知られるトーマス・リートフェルトがいる。構成要素をシンプル化する考えは、モダンデザインのデザイン思想の源流をなすものとして評価されている。

第3章

リニューアル　P.066

店舗の改装で、躯体（建築の骨組）を除き内装や什器備品などを全面的に新しくすることを言う。特に住宅で増築や改築を含め、壁紙の張り替えや塗装の塗り替え、建具や設備類の取り替えなどの模様替えをすることは「リフォーム」と言う。

タウンハウス　P.080

2〜3階建の低層集合住宅のこと。数戸の比較的小規模の住棟の集合体で、独立した住宅群のイメージが特徴である。

コーポラティブ・ハウス　P.080

集合住宅を計画する際、あらかじめ居住者で組織した共同組合が、組合員の意見を反映するためその設計段階から参加して建設を行うもので〈コープ住宅〉とも呼ばれている。

スケルトン　P.080

骨組の意味。ここでは天井・壁・床で構成された躯体のこと。集合住宅で躯体のままで、入居者が間取りや内装、設備を好みによって決める住宅販売システムをスケルトン方式という。

モデルルーム　P.087

企画もしくは建築中のマンションなどの販売に際し、販売業者が完成後の間取りや部屋の仕上げ、設備などを具体的に設営し展示するもので、そのイメージの良し悪しは販売に大きな影響を与えるため、専門のインテリア・コーディネーターが家具やカーテン、カーペットから小物までトータルでコーディネートすることが多い。一戸建住宅で建物全体を建築し、建物の外観を含めて展示したものは「モデルハウス」と呼ぶ。

オルタナティブ・オフィス　P.089

過去や現在にとらわれない企業の活動や理念を言う。特に勤務形態については毎日出勤する必要がない在宅勤務の〈SOHO〉や自宅そのものを仕事場とした〈ホーム・オフィス〉、顧客への迅速な対応を目的にオフィス機能の一部を分散させた〈サテライト・オフィス〉など、コンピュータの普及により従来になかった形態が可能となってきた。

IT（情報技術）　P.089

コンピュータを導入して企業活動に関するさまざまな情報収集や業務の能率化、通信の迅速化などを図ること、またはその技術を言う。特に、コンピュータを企業・オフィスに導入するのが〈OA（オフィス・オー

トメーション)〉，家庭生活の中に導入するのが〈HA(ホーム・オートメーション)〉，工場に導入するのが〈FA(ファクトリー・オートメーション)〉である。

第4章

マーケティング・コンセプト　P.100

企業活動の基本となる理念をいう。近年の同コンセプトには，消費者ニーズを第一とする顧客志向，社会全体の利害を重視する社会志向，企業活動の手段や結果において環境を破壊してはならないという環境保全志向などがある。

顧客志向　P.100

消費者ニーズを満足させることを企業活動の基本理念とする考え方。バブル崩壊後の企業活動の再構築やマーケティング活動の指針となっている。効率優先で企業の利潤を重視した考え方を利潤志向という。

セールス・プロモーション　P.100

需要を喚起するための広告・パブリシティ，人的販売を補完する種々の販売促進策で，メーカーが販売業者に対して行う援助〈ディーラー・ヘルプス〉や〈ディーラー・プレミアム〉などのプッシュ戦略，消費者に指名買いを意図した広告・宣伝や〈消費者プレミアム〉，試供品や見本を提供する〈サンプリング〉などのプル戦略がある。セールス・プロモーションと広告・パブリシティ，人的販売を手段とした販売促進活動を単に〈プロモーション〉と呼んでいる。

マーチャンダイジング　P.101

販売の目標達成のための商品化計画のことで，商品開発・商品仕入から展示・陳列までの一連の活動をさす。特に，①商品，②場所，③価格，④数量，⑤時期に関する重要課題をマーチャンダイジング5つのキーという。

ビジュアル・プレゼンテーション　P.101

店舗内の商品展示，装飾・ディスプレーを視覚的に訴求することをいい，企業全体のイメージ戦略〈C.I〉の一環として重要なテーマとなっている。

ディーラーサポート・プロモーション　P.102

メーカーが自己製品の販売促進を意図して販売業者へさまざまな援助を行うこと，またその販売促進活動を言う。同活動には，店舗の経営指導や店舗改善のための資金援助，従業員の教育・訓練，装飾POPの提供などの「ディーラーヘルプス(販売店援助)」や各種プレミアム付の販売，自社製品の販売努力や広告宣伝のための「アローアンス(協賛金支払)」などがあり，これらの「プッシュ戦略」はメーカーの重要な経営戦略としてシステム化も進んでいる。

付録1 主要インテリアショップ，ショールームリスト

interior shops and showrooms

■ 家具

●アイデックショールーム　(株)アイデック
〒107-0062　東京都港区南青山2-24-15　青山タワービル別館
TEL：03-5772-6660
取扱品目／家具一般，照明器具

●アルク　ファニチュア　ポイント
〒604-8033　京都市中京区河原町通蛸薬師上ル東側
TEL：075-255-6100
取扱品目／イタリア(パルッコ社他) モダン家具

●アルコ・デザインショップ
〒550-0003　大阪市西区京町堀1-15-7
TEL：06-6448-5880
取扱品目／北欧家具，北欧照明器具

●イデー・ショップ　(株)イデー
〒107-0062　東京都港区南青山6-1-16
TEL：03-3409-6581
取扱品目／家具，ファブリック，インテリア雑貨

●インテリアギャラリー・アクタス　(株)アクタス
〒160-0022　東京都新宿区新宿2-19-1　BYGSビル1～2階
TEL：03-3350-6011
取扱品目／ポラダ(イタリア)，輸入家具，インテリア全般

●オカムラガーデンコート　(株)岡村製作所
〒102-0094　東京都千代田区紀尾井町4-1　ニューオータニガーデンコート3階
TEL：03-5276-2001
取扱品目／オフィス用家具全般，間仕切，その他

●カッシーナ・イクスシー青山本店　(株)カッシーナ・イクスシー
〒107-0062　東京都港区南青山2-12-14　ユニマット青山ビル
TEL：03-5474-9001
取扱品目／カッシーナ，イタリア輸入家具，オフィス家具他

●カッシーナ・イクスシー大阪店　(株)カッシーナ・イクスシー
〒542-0081　大阪市中央区南船場4-2-4　日本生命御堂筋ビル
TEL：06-6253-3250
取扱品目／カッシーナ，イタリア輸入家具，インテリア雑貨

●カッシーナ・イクスシー名古屋店　(株)カッシーナ・イクスシー
〒461-0001　名古屋市東区泉1-23-30　名古屋ナショナルビル
TEL：052-957-1963
取扱品目／カッシーナ，イタリア輸入家具，インテリア雑貨

◉コクヨ株式会社東京ショールーム　コクヨ(株)
〒108-8710　東京都港区港南1-8-35
TEL：03-3474-6006
取扱品目／オフィス家具, 間仕切, 事務用品他

◉コスガ・ギアボックス東京ショールーム　(株)コスガ
〒103-0004　東京都中央区東日本橋2-15-4
TEL：03-3862-6713
取扱品目／家具全般

◉スタイルフランス　ブティック　(株)スタイルフランス
〒100-0005　東京都港区白金台5-14-1　ラ・メゾンマリナ・ド・ブルボン
TEL：03-3445-3663
取扱品目／照明器具, カーペット, ファブリックス, インテリア・アクセサリー

◉ダ・ドリアデ青山　ヤマギワ(株)
〒107-0062　東京都港区南青山3-16-3
TEL：03-5770-1511
取扱品目／ドリアデ(イタリア家具), 家具, 照明器具, キッチン他

◉天童木工東京支店ショールーム　(株)天童木工
〒105-0013　東京都港区浜松町1-19-2
TEL：03-3432-0401
取扱品目／成型合板家具, オフィス家具他

◉ドレクセルヘリテイジハウス　(株)DHJ
〒102-0083　東京都千代田区麹町5-3　第7秋山ビル1〜3階
TEL：03-3239-8861
取扱品目／家具一般, 照明器具, インテリア・アクセサリー

◉ノール　インターナショナル　ジャパン
〒100-0005　東京都千代田区丸の内3-1-1　国際ビル
TEL：03-3213-6767
取扱品目／家具一般, オフィス家具

◉二葉家具　(株)二葉家具
〒604-0924　京都市中京区河原町二条南入ル一之船入町376
TEL：075-211-4646
取扱品目／北欧家具(アルテック), 小物

◉ヤマギワ・五番町ショールーム　ヤマギワ(株)
〒102-0076　東京都千代田区五番町12-5　ヤマギワ五番町ビル
TEL：03-5210-5811
取扱品目／フリッツ・ハンセン, 輸入家具, 照明器具他

◉ユーロ・デ・コール
〒550-0003　大阪市西区京町堀1-8-31　安田ビル
TEL：06-6444-6000
取扱品目／北欧(フィンランド)家具, オフィス家具, インテリア雑貨

家具

■ インテリア関連総合

◉イルムズ池袋　(株)西武百貨店
〒171-0022　東京都豊島区南池袋1-28-1　池袋西武イルムズ館
TEL：03-5992-8678
取扱品目／北欧家具, テーブルウェア, 照明器具

◉ザ・コンランショップ 新宿本店　(株)リビングデザインセンター
〒163-1062　東京都新宿区西新宿3-7-1　新宿パークタワー3, 4階
TEL：03-5322-6600
取扱品目／オリジナル家具, ホームファニシング全般

◉ジョージズ京都　(株)ジョージズ・ファニチュア
〒604-8172　京都市中京区烏丸通姉小路下ル場之町586-2
TEL：075-257-8054
取扱品目／家具, インテリア雑貨全般

◉東京デザインセンター　(株)東京デザインセンター
〒141-0022　東京都品川区東五反田5-25-19
TEL：03-3445-1121
取扱品目／インテリア関連メーカー, 販売店のショールーム, 資料, 図書

◉ヤマギワ大阪・インテリア館　(株)ヤマギワ
〒541-0058　大阪市中央区南久宝寺町3-6-6　御堂筋センタービル
TEL：06-6258-6711
取扱品目／北欧家具, 照明器具, インテリア小物

◉リビングデザインセンター OZONE　(株)リビングデザインセンター
〒163-1062　東京都新宿区西新宿3-7-1　新宿パークタワー
TEL：03-5322-6500
インテリア関連メーカー, 販売店のショールーム, 資料, 図書

■ 設備

◉INAX 新宿ショールーム　(株)INAX
〒163-1520　東京都新宿区西新宿1-6-1　新宿エルタワー21階
TEL：03-3340-1700
取扱品目／サニタリー機器, キッチン設備機器他

◉TOTO スーパースペース　東陶機器(株)
〒163-1526　東京都新宿区西新宿1-6-1　新宿エルタワー26階
TEL：03-3345-1010
取扱品目／サニタリー機器, キッチン設備機器他

◉東京ガス新宿ショールーム　東京ガス(株)
〒160-0023　東京都新宿区西新宿3-7-13
TEL：03-5381-6000
取扱品目／ガス機器，キッチン設備機器，冷暖房・空調機器

◉松下電工ナイスショールーム汐留　松下電工(株)
〒105-8301　東京都港区東新橋1-5-1　松下電工東京本社ビル
TEL：03-6218-0010
取扱品目／照明器具，キッチン設備機器，サニタリー機器他

■ インテリア材料

◉川島織物東京ショールーム　(株)川島織物
〒160-0015　東京都新宿区大京町31-4　パークサイドビル
TEL：03-3355-0575
取扱品目／カーテン，カーペット，壁紙，タペストリー他

◉東京ショールームクレリア　(株)サンゲツ
〒107-6003　東京都港区赤坂1-12-32　アーク森ビル3階
TEL：03-3505-3300
取扱品目／カーテン，カーペット，壁装材（壁紙）他

◉トミタ東京ショールーム　(株)トミタ
〒104-0031　東京都中央区京橋2-3-16
TEL：03-3273-7552
取扱品目／壁装品，ファブリックス，インテリア・アクセサリー

■ 家具・インテリア関連総合

◉アビタ サローネ　(株)遠藤照明
〒135-0063　東京都江東区有明1-4-10
TEL：03-3529-6777
取扱品目／輸入家具，キッチン設備機器，照明器具他

◉IDC 大塚家具　(株)大塚家具　有明本社
〒135-0063　東京都江東区有明3-1　TFT ビル東館
TEL：03-5530-5555
取扱品目／輸入家具，国産家具，インテリア全般

◉ヤマギワリビナ本館　ヤマギワ(株)
〒101-0021　東京都千代田区外神田1-5-10
TEL：03-3253-5111
取扱品目／照明器具，輸入家具，輸入家電他

■ インテリア材料・インテリア関連総合

●トステムショールーム東京　トステム㈱
〒136-8525　東京都江東区大島2-1-1
TEL：03-5626-1001
取扱品目／住宅部材, キッチン設備機器, 建材他

■ インテリア材料・インテリア設備

●ジェトロ輸入住宅部品材センター　日本貿易振興会
〒170-8630　東京都豊島区東池袋3-1-3　ワールドインポートマート9階
TEL：03-3989-3364
展示品（購入不可）／住宅部材, キッチン設備, サニタリー機器

※各ショップやショールームの取扱品目, 内容, 電話番号などは都合により変更されることがあります。

付録2 資格取得に役立つ推薦本

recommended readings on interior

資格別テキスト一覧

インテリア・コーディネーター

『インテリア・コーディネーター・ハンドブック　販売編』[改訂版]
(社)インテリア産業協会発行　電話(03)5379-8600

『インテリア・コーディネーター・ハンドブック　技術編』[新装版]
(社)インテリア産業協会発行　電話(03)5379-8600

キッチン・スペシャリスト

『キッチン・スペシャリスト・ハンドブック』
(社)日本住宅設備システム協会発行　電話(03)3503-4546

商業施設士

『商業施設技術体系』(3分冊セット)
(社)商業施設技術者・団体連合会発行　電話(03)3453-8103

福祉住環境コーディネーター

『福祉住環境コーディネーター検定3級テキスト』[改訂版]
東京商工会議所発行　電話(03)3283-7677

『福祉住環境コーディネーター検定2級テキスト』[改訂版]
東京商工会議所発行　電話(03)3283-7677

マンションリフォームマネジャー

『マンションリフォーム実務者必携』
(社)日本住宅リフォーム・紛争処理支援センター発行　電話(03)3261-4567

インテリア関連推薦本一覧

インテリア全般

『インテリア学辞典』
小原二郎他編著　壁装材料協会発行
　文化，環境，生活に関わるインテリア用語を採録。特に，学術と実務の分野を体系化したユニークな辞典。日本図書館協会選定図書。

『インテリア大辞典』
小原二郎編　壁装材料協会発行
　インテリア全般の用語を体系化してわかりやすく解説。実務家から初学者までの必備書。

『インテリア・デザイン教科書』
インテリア・デザイン教科書研究会編著　彰国社発行
　インテリア・デザイン全般の内容をインテリア・デザイン教育の面から体系化し，わかりやすくまとめた学生向けのテキスト。

『インテリア・デザインへの招待』
沢田知子著　彰国社発行
　教養としてデザインを始める前に知っておきたい，欧米と日本のインテリアと生活文化の関わりを紹介している。

『インテリアの計画と設計』
小原二郎，加藤力編　彰国社発行
　インテリア計画の基礎知識から設計の手法までを，データや図表を用いてわかりやすく解説した学生向けの指導書。

『新インテリア用語辞典』
大廣保行監修　トーソー出版発行
　インテリアの基礎用語から最新用語まで約4000語を収録。(社)インテリア産業協会，(社)日本インテリアファブリックス協会推薦の図書。インテリアイメージ年表がユニーク。

『図解・インテリア用語辞典』
尾上孝一，大廣保行，加藤力編著　井上書院発行
　インテリア・コーディネーター資格試験に対応し，用語を〈販売編〉と〈基礎編〉に分け，9つのテーマ別に基本用語約3500を解説した受験者向けの辞典。

『図説テキスト・住居学』
岸本幸臣編著　彰国社発行
　住まいを家政学，住居学の立場で，図表やデータに基づいて解説した大学向けの教科書。

家具

『インテリア・家具辞典』
MARTIN M.PEGLER 著，光藤俊夫監訳　丸善発行
　西洋のインテリア・デザインの用語について，イラストをまじえて簡潔にまとめられている。和文索引もついている便利な辞典。

『インテリアと家具の基礎知識』
内堀繁生著　鹿島出版会発行
　内装仕上げから造作家具まで，その基礎知識を図，写真を用いて平易に解説した初学者向けの参考書。

『家具の事典』
剣持　仁編著　朝倉書店発行
　家具の歴史からデザイン，生産技術までをわかりやすく解説したデザイナー向けの事典。

『現代の家具と照明』
大廣保行著　鹿島出版会発行
　有名な建築家のデザインによる椅子と照明器具にスポットをあて，現代のデザインの潮流を解説。続編にスペインやイタリアのニューウェーブ・デザインを紹介した『続・現代の家具と照明』がある。デザイナーブランドコレクション写真集として好評。

『建築家の椅子111脚』
光藤俊夫監修　鹿島出版会発行
　海外77人の建築家の名作椅子111脚を紹介。椅子に込められたデザイン思想と時代の技術を解説した写真集。

シリーズ本

『インテリア・コーディネートブック』
(社)インテリア産業協会編集発行
　インテリアコーディネートに関する実務的参考書。〈収納と空間構成〉などシリーズごとにテーマをかえて解説している。

『生活文化とインテリア』
(社)インテリア産業協会編集発行
　暮らしの中のインテリアを初学者向けに平易に解説した基礎教育用参考書。第1分冊は〈暮らしとインテリア〉，第2分冊は〈暮らしとコミュニティ〉など各シリーズごとにテーマが設定されている。

| その他 |

『インテリア関係法規の知識』
芝木　達著　鹿島出版会発行

　インテリア関連業務に必要な法規・法令についての基礎的知識を解説したインテリアデザイナー，コーディネーター向けの教本。

『インテリアとカラーコーディネート』
道江義頼, 室田理子著　山海堂発行

　インテリアのカラーコーディネートに関する実践的なテキスト。イメージ・コーディネートの具体的方法をわかりやすく解説している。

『カラーウォッチングー色彩のすべてー』（COLOUR 日本語版）
本明　寛監修　小学館発行

　サブタイトルどおり，色彩の科学から心理学までの広範囲にわたり，豊富な写真とイラストを使った理解しやすい構成となっている。

『高齢者のための建築環境』
日本建築学会編　彰国社発行

　日本建築学会が高齢化社会に対応した建物内外の環境計画の手引きとして企画編集した図書。熱・空気，音，光の各環境から建築設備までを各専門家がデータに基づいて解説執筆している。

『照明デザイン実務学入門』
小泉　実著　オーム社雑誌局発行

　視環境から見たインテリアライティングの技術と照明設備の新しい考え方を絵解きで解説したユニークなテキスト。

『図解　すまいの寸法・計画事典』
岩井一幸, 奥田宗幸著　彰国社発行

　住まいの計画で必要な各部位，各室の寸法を収録。設計の手引き書として必携のデータブック。

『ストアデザイン入門』
志田慣平著　グラフィック社発行

　店舗デザインに関する業務内容と店舗の企画・設計からオープンまでのプロセスを解説。店舗デザイナーや商業施設士を目指す人のための参考書。

『長寿社会対応住宅・設計マニュアル』
建設省住宅局監修　（財）高齢者住宅発行

　国土交通省が策定した〈長寿社会対応住宅設計指針〉の内容を〈戸建住宅編〉と〈集合住宅編〉に分け，具体的にわかりやすく解説したマニュアル集。

『東京インテリア・ショップ』
ビーシュア編集部編　トーソー出版発行

　東京を中心としたインテリア・ショップの紹介。各ショップごとに扱い商品，住所，電話などの情報を収録し，地区ごとに掲載。ショップ巡りの必携のガイドブックとして好評。

『内装仕上げのデザインと材料』
内堀繁生著　鹿島出版会発行

多種多様な内装用インテリア材料をデザイン的に分類し，インテリア空間への対応を平易に解説したインテリアデザイナー，コーディネーター向けの教本。

『ユニバーサルデザインの教科書』
中川　聰監修　日経BP社発行

ユニバーサルデザインの考え方から実践までを具体的なデザイン活動を通じて紹介している。プロダクト製品を中心に身の回りの小物を見る目も変わってくる好著。

専門雑誌

『室内』（月刊）
工作社発行

家具を中心としたインテリア情報誌。

『商店建築』（月刊）
商店建築社発行

新店舗のデザインやマテリアルを紹介する。

『コンフォルト』（月刊）
建築資料研究社発行

特集形式でインテリア・エレメントやマテリアルを深く研究している。

※各テキストや書籍については，都合により絶版または書店で取扱わないことがあります。

写真クレジット

高山幸三	P.077
ナカサ・アンド・パートナーズ	P.069, 070右, 071, 074, 093下左・下右, 095, 097
馬場祥光	P.076
IDC大塚家具	P.004, 101
JR九州エージェンシー	P.010上
ドリームベッド(株)	P.016, 017上, 018上
クラレインテリア(株)	P.017下, 018中, 019下
トーヨーキッチン&リビング(株)	P.018下, 042

図版出典・資料協力

水戸岡鋭治＋ドーンデザイン研究所	P.010下
M. Nakagawa	P.022-025, 050-052
三和建物(株)	P.015
「インテリア計画」文部科学省／実教出版	P.020
「インテリア・コーディネーター小事典」大廣保行／日刊工業新聞社	P.021
日本インテリアファブリック協会	P.030
「インテリア・コーディネーター・ハンドブック：旧版・販売編2」／インテリア産業協会	P.043
「インテリア・コーディネーター・ハンドブック」／インテリア産業協会	P.044
イリア	P.001, 011, 065-099, 105, 117, 125, 131, カバー
「SD別冊No.21鹿島KIビル」／鹿島出版会	P.005
「SD9810オフィス環境の近未来」／鹿島出版会	P.007, 008
「建築家の椅子111脚」／鹿島出版会	P.063左

執筆者一覧

◉大廣保行　監修／東横学園女子短期大学教授

第1章　1-1, 1-2, 1-3
第2章　2-2（インテリアの構成要素，照明，ファブリック，カーペット，壁紙，システムキッチン，バリアフリー，インテリア関連法規・制度），2-3
第4章　4-1, 4-2
第5章　5-1（インテリア・コーディネーター，インテリア・プランナー，マンションリフォームマネジャー，キッチン・スペシャリスト，二級建築士，商業施設士，福祉住環境コーディネーター）
第6章
付録1, 2

◉風間龍太郎／イリア

第3章　3-2

◉国吉英昭／東京テクニカルカレッジインテリア科専任講師

第2章　2-2（内装材）
付録2

◉田沢良一／イリア

第3章　3-3

◉寺原芳彦／武蔵野美術大学教授

第2章　2-1, 2-2（家具）

◉中川真理／インテリア＆イメージカラーコンサルタント

第2章　2-2（色彩，インテリア・アクセサリー）
第5章　5-1（色彩能力検定，カラー・コーディネーター，色彩士）
付録2

◉中村嘉樹／イリア

第3章　3-1

◉野口義懸／イリア

第3章　3-3

執筆者略歴

大廣保行（おおひろ・やすゆき）

- 1943年　熊本県生まれ
- 1966年　佐賀大学卒業
- 1967年　小田急百貨店
- 1991年　東横学園女子短期大学助教授
- 1995年　同大学教授、現在に至る
- （学）インテリア学会評議委員、他

●主な著書
「現代の家具と照明」、「続・現代の家具と照明」、「椅子のデザイン小史」（以上、鹿島出版会）、「図解インテリア用語辞典」（井上書院）、他多数

風間龍太郎（かざま・りゅうたろう）

- 1958年　広島県生まれ
- 1982年　東京芸術大学を卒業し、鹿島建設入社
- 1985年　イリア
- 1988年　KAJIMA INTERNATIONAL INC.
- 1990年
- 2003年　イリア・デザイン部副部長、現在に至る

●主な仕事
「代官山アドレス ディセ」、「芝パークタワー」、「幕張パークタワー」、「エルザタワー32」、他

国吉英昭（くによし・ひであき）

- 1942年　山口県生まれ
- 1960年　山口県立下関幡生工業高等学校を卒業し、内藤正哉デザイン事務所所入
- 1967年　西武百貨店インテリア・スタジオカーサ
- 1993年　東京テクニカルカレッジ専任講師、現在に至る

●主な著書
「インテリア・コーディネーター試験完全対策（共著）」（オーム社）

田沢良一（たざわ・りょういち）

- 1955年　北海道生まれ
- 1980年　千葉大学大学院を修了し、鹿島建設入社
- 1984年　イリア設立プロジェクトに参画し、出向
- 1998年　イリア・プランニング部部長
- 2003年　イリア・ファシリティーソリューション部統括部長、現在に至る

●主な仕事
ファシリティー・プログラミング、プロジェクト・マネジメント、コンストラクション・マネジメントを担当

寺原芳彦（てらはら・よしひこ）

- 1943年　東京都生まれ
- 1967年　武蔵野美術大学卒業
- 1979年　BY.STEPデザイン研究室設立
- 1995年　武蔵野美術大学教授、現在に至る
- 北欧建築デザイン協会理事、他

●主な仕事
「チタニウムチェア」他、毎日ID賞特選、JID賞など受賞多数

●主な著書
「インテリアデザイン（監修）」（武蔵野美術大学出版局）

中川真理（なかがわ・まり）

- 1972年　武蔵野美術大学卒業
- 1982年　インテリア設計事務所、インテリア企画会社を経てフリーとなり、現在に至る
- 1996年～　東横学園女子短期大学非常勤講師
- 2002年～　文化女子大学非常勤講師

中村嘉樹（なかむら・よしき）

- 1958年　東京都生まれ
- 1984年　千葉大学大学院を修了し、鹿島建設入社
- 1987年　イリア
- 1991年　KAJIMA DESIGN EUROPE
- 1993年　イリア
- 2003年　イリア・デザイン部副部長、現在に至る

●主な仕事
ホテル、商業施設の企画・デザインを統括する

野口義懸（のぐち・よしかけ）

- 1965年　東京都生まれ
- 1987年　ICSカレッジオブアーツを卒業し、イリアに入社
- 1993年　KAJIMA DESIGN EUROPE
- 1997年　KAJIMA DESIGN ASIA
- 1998年　イリア・デザイン部設計長、現在に至る

●主な仕事
「日本銀行ロンドン事務所」、「中国銀行バンコク支店」、「ソニーコンピュータサイエンス研究所」、他

MEMO

MEMO

MEMO

インテリア・デザインを知る
practical interior design

初めて学ぶインテリア

2003年10月30日　第1刷発行©
2007年 5 月30日　第3刷発行

著者	大廣保行＋風間龍太郎＋国吉英昭＋田沢良一＋寺原芳彦＋中川真理＋中村嘉樹＋野口義懸
アートディレクション	SONICBANG CO.,
発行者	鹿島光一
発行所	鹿島出版会
	郵便番号100-6006●東京都千代田区霞が関3-2-5
	霞が関ビル6階
	電話●(03)5510-5400
	振替●00160-2-180883
印刷	壮光舎印刷
製本	牧製本

ISBN4-306-04433-5 C3052　Printed in Japan
無断転載を禁じます。落丁・乱丁本はお取替えいたします。

本書の内容に関するご意見・ご感想は下記までお寄せください。
URL：http://www.kajima-publishing.co.jp
E-mail：info@kajima-publishing.co.jp

鹿島出版会のインテリア関連書

※消費税 5%

《インテリアデザイナーのための》シリーズ

さまざまな角度からインテリアをとらえ，インテリアデザイナーを中心として，幅広くインテリア業界に携わる人々，それをめざす学生諸氏に向けて刊行する。小さくて強い味方である。

■『内装仕上げのデザインと材料』
内堀繁生 著　四六・184頁 定価2,310円（本体2,200円+税）
　本書は，インテリアの仕上げ材料と構法について，初心者向けに豊富な図・写真を交えてやさしく解説したもの。

■『品質管理とコストコントロール』
坂本信義 著　四六・194頁 定価2,415円（本体2,300円+税）
　インテリアの製作上，顧客のニーズをどう捉え，それをどのようにして設計に反映させ，施工者に伝達していくのか。

■『住空間の収納の基礎』
橋本周明 著　四六・136頁 定価1,890円（本体1,800円+税）
　基本となる「モノ」のリストアップから，具体的な設計技法までを部位別に解説。収納についてのアイデアも収録。

■『住宅設備設計の知識』
石崎清士 著　四六・192頁 定価2,310円（本体2,200円+税）
　コンセントやスイッチの配置，空調や照明，給排水設備の留意点，さらにホームオートメーションなどにも言及。

『インテリアと家具の基礎知識』
内堀繁生 著　A5・222頁 定価2,730円（本体2,600円+税）
　内装の仕上げと納まり，壁装材，ファニシングとしてのカーテン，カーペットの知識，造作家具（実例設計図24点付）。

『デザイナーのためのインテリア家具のエッセンス』
内堀繁生 著　A5・120頁 定価1,890円（本体1,800円+税）
　家具の歴史や人間工学との関係，構成やデザイン，さらにメンテナンスなどを通してその両側面を解説する。

『インテリアデザインとは何か』《SD選書198》
三輪正弘 著　四六・216頁 定価1,890円（本体1,800円+税）
　インテリアデザインの本来の意味を明らかにする。またそのデザインをするために何をどう考えたらよいかを説く。

『椅子のデザイン小史　様式からポストモダンへ』《SD選書198》
大廣保行 著　四六・224頁 定価1,890円（本体1,800円+税）
　椅子の歴史を多数の図版を軸にして総覧する案内書。中世様式からニューインターナショナル・デザインまで。

『現代の家具と照明　デザイナーズブランドコレクションズ』
大廣保行 著　A5・264頁 定価3,045円（本体2,900円+税）
　世界の建築家・デザイナーの390点余の作品を写真で紹介。インターナショナルな作風感覚を実例で集大成。

『続・現代の家具と照明　ニュー・ラテンヨーロピアン・トレンディ』
大廣保行 著　A5・164頁 定価2,625円（本体2,500円+税）
　ラテンヨーロッパを中心に，イタリア・スペインのデザイナー，アーティストの紹介と作品カタログガイドブック。